甘肃政法学院工商管理学科建设丛书

组织第三方指向不道德行为影响员工在职行为机理研究

ZUZHIDISANFANG ZHIXIANG BUDAODE XINGWEI
YINGXIANG YUANGONG ZAIZHI XINGWEI JILIYANJIU

杨 齐/著

中国财经出版传媒集团
经济科学出版社
Economic Science Press

图书在版编目（CIP）数据

组织第三方指向不道德行为影响员工在职行为机理研
究/杨齐著. —北京：经济科学出版社，2017.12
ISBN 978 - 7 - 5141 - 8809 - 7

Ⅰ.①组… Ⅱ.①杨… Ⅲ.①企业-职工-行为分析
Ⅳ.①F272.92

中国版本图书馆 CIP 数据核字（2017）第 312336 号

责任编辑：杜　鹏　贾　婷
责任校对：隗立娜
责任印制：邱　天

组织第三方指向不道德行为影响员工在职行为机理研究

杨齐/著

经济科学出版社出版、发行　新华书店经销
社址：北京市海淀区阜成路甲 28 号　邮编：100142
总编部电话：010-88191217　发行部电话：010-88191522
网址：www. esp. com. cn
电子邮箱：eps_bj@ 163. com
天猫网店：经济科学出版社旗舰店
网址：http://jjkxcbs. tmall. com
固安华明印业有限公司印装
880×1230　32 开　7.125 印张　200000 字
2017 年 12 月第 1 版　2017 年 12 月第 1 次印刷
ISBN 978 - 7 - 5141 - 8809 - 7　定价：45.00 元
（图书出现印装问题，本社负责调换。电话：010-88191502）
（版权所有　翻印必究　举报电话：010-88191586
电子邮箱：dbts@esp. com. cn）

前　言

　　由于竞争压力和追逐利润的影响，近年来组织不道德行为频频发生，社会各界对组织不道德行为表现出极大关注，学术界对其后果也展开了积极研究，其中组织不道德行为对员工的影响是研究的重点。然而现有的大量文献仅仅研究了员工在自身遭受组织不道德行为，比如辱虐管理、破坏性领导时的反应，忽视了组织指向员工之外第三方的不道德行为对员工的影响。员工在发现、获悉组织指向第三方的不道德行为时有何反应没有被关注，员工被看做是沉默的旁观者。然而现实中出现的员工举报行为表明，员工在观察到非针对自己的不道德行为时并不是沉默的旁观者，但是员工会有何种反应以及反应机理都不清楚。员工是组织重要的利益相关者，员工行为对组织绩效有着重要影响，因此，研究员工在观察、获悉到组织指向第三方不道德行为时的反应有着重要意义。

　　基于上述研究空白，本书进行了三个研究：研究一，组织第三方指向不道德行为对员工在职行为的直接影响。该研究以公正义务论（Folger，2001）为理论基础，预测员工所观察到的组织第三方指向不道德行为，对员工在职行为会产生显著作用，具体而言员工积极行为会减少、不良行为会增加。研究二，组织第三方指向不道德行为影响员工在职行为的中介机制。该研究以公平启发式（Lind，2001）为基础，预测员工所观察到的组织第三方指向的不道德行为对员工整体公正感有负向作用；员工整体公正感对员工积极行为有正向作用；员工整体公正感对员工不良行为有负向作用，整体公正感中介了观察到的组织第三方指向不道德行为对员工在职行为的影响。研究三，员工移情能力的调节效应。移情能力反映了个体对他人不道德遭遇的理解、同情、关怀能力，高移情能力者会产生与受害者类似的情绪反应，让个体对观察到不道德行为时的时反应会更强烈。因此，研究者预测：(1) 员工的移情能力会对组织第三方指向不道德行为与员工在职行为关系产生调节作用；(2) 员工的移情能力会对组织第三方指向不道德行为与员工整体公正感关系产生调节作用；(3) 员工的移情能力会对员工整体公正感与员工在职行为关系产生调节作用。

在本书中，出于研究的需要，按照 Farh, Zhong & Organ (2004) 的量表开发程序，利用探索性研究、验证性研究方法开发出了组织不道德行为量表，该量表由 6 个维度构成，具有较好的信效度。关于本书的研究模型检验，利用问卷调查方法收集到 255 份有效问卷，经过对量表信效度的检验，分别采用多元回归、多层结构方程、Bootstrap 等方法对研究假设进行验证。实证结果表明，大部分研究假设得到了支持：组织第三方指向不道德行为对员工积极行为有显著影响，员工的积极行为会明显减弱。组织第三方指向不道德行为对员工不良行为有显著影响，但弱于对积极行为的影响。组织第三方指向不道德行为对员工整体公正感有显著负向影响。员工整体公正感对员工的积极行为和不良行为都有显著影响，具体而言，整体公正感对积极行为有正向作用，整体公正感对不良行为有负向影响。员工移情能力对组织第三方指向不道德行为与员工积极行为关系、组织第三方指向不道德行为与员工不良行为关系、组织第三方指向不道德行为与员工整体公正感关系、员工整体公正感与员工积极行为关系、员工整体公正感与员工不良行为关系均有调节作用。

本书研究具有一定的理论价值。首先，研究结果表明，在旁观者与施害者处于不平等地位时，旁观者惩罚行为表现较低，这一发现是对公正义务论的有益补充。其次，研究结果还表明，组织第三方指向不道德行为除了直接作用于员工在职行为外，还通过整体公正感的中介作用影响员工在职行为。最后，开发了组织不道德行为问卷，为组织不道德行为研究提供了基本工具。本书研究还具有一定的实践价值。研究结果表明，员工的在职行为会受到组织如何对待自己之外第三方的影响，这一发现为组织理解、管理员工行为提供了新的视角。

作者
2017 年 11 月

目　　录

第 1 章

绪　　论

1.1　研究背景、目的与意义

1.1.1　研究背景

由于竞争压力和追逐利润的影响，组织不道德行为近年来频频发生（如欧洲马肉事件、KFC 速生鸡事件、酒鬼酒塑化剂事件和沃尔玛血汗工厂事件），学者和社会各界表现出对组织不道德行为的极大关注，特别是对组织不道德行为与员工关系进行了大量的研究。

学术界的研究表明组织不道德行为对员工态度、行为有显著影响（S. S. Chi & S. Liang，2013；H. Lian，D. L. Ferris & D. J. Brown，2012；M. Priesemuth，2013；B. J. Tepper，J. C. Carr & D. M. Breaux et al.，2009；B. J. Tepper，S. E. Moss & M. K. Duffy，2011；刘军、吴隆增和林雨，2009；孙健敏、宋萌和王震，2013；吴隆增、刘军和刘刚，2009；严丹，2012）。然而，这一领域的研究采取了组织、员工二元视角的研究，只关注了组织直接指向员工的不道德行为对

员工的影响。但是，现实中，组织有许多不道德行为并不是直接指向员工，比如，企业表现出的欺客、霸王条款，破坏环境，不正当竞争、破坏市场秩序，缺乏诚信、欺骗合作伙伴，偷税漏税和误导社会等行为。虽然随着企业社会责任意识的提高，尊重客户、保护环境、尊重合作伙伴、尊重竞争对手和遵守社会规范等已经成为大多数组织的基本准则，但是这些不道德行为依然存在。

现实表明，员工在观察到组织的不道德行为时有可能采取揭发行为。比如，1996～2004 年，美国 18.3% 的大公司欺诈案是由公司员工举报而被揭发的（A. Dyck，A. Morse & L. Zingales，2010）。KPMG（2007）分析指出，在欧洲、中东、非洲地区的公司欺诈案件中，25% 是由员工匿名举报揭发的。消费者行为领域的研究为研究员工观察到组织不道德行为时的反应提供了参考。消费者领域的研究发现，当消费者观察、获悉到组织的不道德行为时（通常这类组织不道德行为并非针对消费者），消费者也会表现出对不道德企业的负面评价，不仅不愿意购买不道德企业的产品，而且还会抵制不道德企业（T. J. Brown & P. A. Dacin，1997；J. Dawkins & S. Lewis，2003；M. Meijer & T. Schuyt，2005；K. B. Murray & C. M. Vogel，1997；C. C. Verschoor，2006；D. J. Webb & L. A. Mohr，1998；周祖城和张漪杰，2007）。因而，组织行为领域的研究者也希望对员工在观察到组织不道德行为时的反应进行研究，学术界开始关注员工在观察到组织不道德行为时会有何种反应。

Kaptein（2011）的研究表明，员工在旁观到组织的不道德行为时有五种可能的表现：沉默、积极对抗、向管理层报告、拨打公司内部热线和外部举报。公司的伦理文化对员工行为选择有显著影响。企业社会责任的履行程度也会影响员工对组织的承诺和信任，当组织不能很好地履行自己的社会责任时，员工组织承诺和组织信任就会减少（J. Greenberg & C. Wiethoff，2001；S. D. Hansen，B. B. Dunford & A. D. Boss et al.，2011）。还有一些学者基于公正义务论（Folger，2001）进行了研究，公正义务论指出，个体不仅会关心自己是否被公正对待，同时也会关心自己之外的他人是否也被公正对待（Folger，2001；Skarlicki & Kulik，2005）。研究结果表明，在面对组织对同事的不道德行为时，员工会表现出仗义执言、帮助同事的行为，并且遭受不道德对待同事与旁观员工的关系，会对这些行为起到调节作用（R. L. Greenbaum，M. B. Mawritz & D. M. Mayer，2013），而且员工在旁观到主管对客户的辱虐行为时还会表现出帮助客户的亲社会行为（M. Priesemuth，2013）。

现实和学术界的研究都表明，组织指向员工之外第三方的不道德行为，对员工有着显著影响，员工在观察到组织对他人的不道德行为时并非沉默的旁观者。但这方面的研究还很缺乏，特别是组织实施的指向第三方的不道德行为对员工在职行为有何影响，及其影响机理还不清楚，而员工是组织重要的利益相关者，员工在职行为对组织的成败有着重要意义。因此，基于理论和现实的需要，本书研究认为，从组织、员工二元视角，转向组织、员工、第三方的三元视角，研究组织第三方指向不道德行为对员工在职行为的影响，具有很好的理论价值和现实意义。

1.1.2 研究目的

本书旨在通过研究组织第三方指向不道德行为对员工在职行为的影响，揭示出组织第三方指向不道德行为影响员工在职行为的机理，并进一步拓展公正义务论（Folger，2001），丰富和深化对组织不道德行为的研究。具体而言，将实现以下目的。

1.1.2.1 拓展公正义务论

公正义务论（R. Folger，2001；R. Folger & R. Cropanzano，2002）指出，旁观者在观察到他人遭受不公平的对待时，旁观者会表现出惩罚施害者的行为，后续的实验研究也证实了这一观点。但是，这一论断的暗含假设是旁观者与施害者处于平等关系地位，在这一假设前提下，旁观者会做出处罚施害者的行为。但是对于员工而言，员工与组织处于不平等地位。此时，作为旁观者的员工在观察到组织的不道德行为时，是否还会表现出对施害者（组织）的惩罚行为呢？这种不平等的关系对旁观者行为的选择会有什么影响呢？这些问题都还未得到解答。本书通过研究将对这些问题进行回答，研究成果是对公正义务论的拓展和丰富。

1.1.2.2　探索组织第三方指向不道德行为影响员工在职行为的中介机理

本书研究的第二个目标是探索组织第三方指向不道德行为对员工积极行为和不良行为有何影响及其影响机理。员工在职行为对组织的生存和发展具有重要意义，从当前对员工在职行为的研究来看，在职行为主要分为员工的积极行为和不良行为。当前从旁观者视角对个体行为的研究，基本是以公正义务论（R. Folger, 2001）为基础，研究了直接效应，忽视了个体的心理态度的变化，缺乏对中介机制的研究。而心理学的研究表明，个体的行为受到心理因素的影响。因此，探索个体心理因素的变化，寻找员工旁观的组织不道德行为影响员工行为的中介机制及其作用机理，是本书研究的第二个目标。

1.1.2.3　探索员工移情能力的调节作用

已有的研究表明，个体在观察到不道德行为时，会倾向于对施害方进行惩罚，但个体面对组织对他人的不道德行为时表现出明显的差异，个体采取的惩罚行为会有不同。有的会采取"以眼还眼"的直接惩罚行为（D. E. Rupp & C. M. Bell, 2010），有的会采取建设性抵抗行为（R. L. Greenbaum, M. B. Mawritz & D. M. Mayer,

2013)，个体的惩罚行为受到了个体因素的调节。心理学的研究表明，移情被视为个体理解他人遭遇的一项能力，因此，本书研究中将员工的移情能力纳入研究框架，希望通过探索员工在面对组织第三方指向的不道德行为时员工移情能力的调节作用，以期能够更好地解释员工旁观的组织不道德行为对员工在职行为的影响。

1.1.3 研究意义

1.1.3.1 理论意义

（1）有助于推进组织不道德行为研究的深化。当前在对组织不道德行为的研究中，学术界更加注重了对组织有道德行为的研究。比如学术界在对企业社会责任的研究中，更多地强调了企业履行社会责任时给企业带来的后果，只有少量研究涉及企业不履行社会责任、企业实施不道德行为后的后果。而已有研究表明，由于人们认知中存在的"负面偏见"效应（J. Frooman, 1997; J. B. McGuire, A. Sundgren & T. Schneeweis, 1988; M. D. Pfarrer, T. G. Pollock & V. P. Rindova, 2010），组织不道德行为相比道德行为对组织的影响更大（Clark, 2008; Frooman, 1997; McGuire et al., 2003）。但是目前对组织不道德行为的研究还未引起足够的重视。本书研究将推动组织不道德行为研究的发展和深化。

（2）丰富组织不道德行为的研究视角。长期以来，对组织不道德行为的研究中，学者们在研究视角上采取了二元视角，只研究了组织不道德行为对直接受害者的影响，特别是重点研究了直接指向员工的不道德行为对员工的影响。研究中没有考虑组织指向员工之外第三方不道德行为对员工的影响。本书研究中整合公平义务论、公平启发式，采用三元视角，以员工为旁观者探索组织第三方指向不道德行为对员工的影响，既是对组织不道德行为研究的拓展和深化，同时也丰富和拓展了组织不道德行为的研究视角。

(3) 深化公正义务论的研究。公正义务论（Folger, 2001）认为，旁观者在观察到对他人的不道德行为时，即便受害者与自己没有任何关系，也会出于维护公正义务的需求，对实施不道德行为的一方做出"以眼还眼式"的惩罚（Turillo et al., 2002; Umphress et al., 2012）。然而，随着研究的深入，研究者发现，旁观者与受害者的关系会影响旁观者采取的行为。比如，对于有亲密关系的同事，旁观者会采取帮助受害者的行为（R. L. Greenbaum, M. B. Mawritz & D. M. Mayer, 2013），而不是报复组织。但是，当前对旁观者与施害者处于不平等关系，比如旁观者处于弱势，施害者处于强势时，旁观者行为选择和变化的研究还很缺乏。本书研究探讨了旁观者与施害者处于不对称关系时旁观者的反应，以员工（弱势一方）观察到组织（强势一方）对第三方的不道德行为时的反应为研究对象，最终的研究成果将进一步深化公正义务论。

1.1.3.2　管理意义

(1) 有助于组织更好的管理员工行为。2013 年 5 月 30 日《南方周末》报道了四川绵阳市人民医院"走廊医生"——超声科前主任兰越峰因举报医院过度医疗而被待岗的消息。一时间激起了广大网民的关注，有人支持声援，也有人称之为"兰疯子"。医院的过度医疗行为显然是不道德行为，但针对的是员工之外的第三方——病人，员工只是一个旁观者。兰越峰身为医院的超声科主任，医院待其不薄，为何要举报医院过度医疗行为呢？医院管理者对其行为百思不得其解。对员工遭受到组织对自身的直接不公正行为时的反应，学术界进行了大量的研究，对其结果和机理已经较为清楚（刘军和吴隆增等，2009；吴隆增和刘军等，2009；严丹和黄培伦，2012；孙健敏和宋萌等，2013；Priesemuth & Schminke et al., 2013; Lian & Ferris et al., 2012; Chi & Liang, 2012; Tepper & Mosset al., 2011; Tepper, 2007）。然而，员工在旁观到组织对他人的不公正行为时的反应及其机理还不清楚。这不利于组织理解和管理员工行为。本书研究成果能够让组织理解，员工行为不仅受组织如何对待员工的影响，也会受到组织如何对待他人的影响，有助于组织更好地理解、管理员工行为。

（2）有助于组织强化对不道德行为的管理。当前，很多组织都已经充分意识到不道德行为对组织带来的危害，在实践中也比较注意规避、减少不道德行为，特别是减少针对员工的不道德行为。但是，一些企业却忽视了对客户、环境和社会等不道德行为的管理，对这些不道德行为后果认识不足，甚至有企业认为这些行为对企业是有利的。导致了组织指向客户、环境和社会等不道德行为时有发生。本书研究成果将有助于组织更加深入和全面认识组织不道德行为的后果，有助于组织强化对不道德行为的管理，促进组织不道德行为的减少。

1.2 创新与研究难点

1.2.1 创新

1.2.1.1 研究视角的创新

当前对组织不道德行为与员工行为关系的研究，都是基于二元视角展开，而本书在研究视角上采取了以员工为旁观者的三元视角进行研究，考察组织第三方指向不道德行为对员工的影响。通过对现有国内外文献的梳理，发现从三元视角考察组织第三方指向不道德行为对员工影响研究还非常有限。这一研究视角提供了一个不同的视角来考察组织不道德行为的后果，既为研究组织不道德行为后果提供了新的思路，同时也为从多视角理解员工行为提供了新的思路。

1.2.1.2 开发了组织不道德行为量表

组织不道德行为正在引起学术界的关注，但是，长期以来对组织不道德行为缺乏有效、合理的测量工具，这一缺憾阻碍了对组织不道德行为的研究。在实际研究中，学术界常常采用社会责任履行程度来测量组织不道德行为，把社会责任履行程度低看做是组织不道德行为，这一方法并不能准确测量和反映组织不道德行为。本书从理论分析出发，结合文献分析、实地访谈，采用 Farh、Zhong & Organ（2004）在构建量表时的方法，开发了组织不道德行为量表。该量表由六个维度构成，包括合作者指向不道德行为、客户指向不道德行为、社会指向不道德行为、环境指向不道德行为、竞争者指向不道德行为和员工指向不道德行为。经过实证检验，该量表具有较好的信度和效度，既可以就某一分量表单独使用，也可以把组织不道德行为作为二阶因子结构整体使用。该量表为组织不道德行为研究提供了基础和参考，有助于对组织不道德行为研究的深化和发展。

1.2.1.3 丰富了公正义务论

本书的理论创新体现在对公正义务论的丰富和深化。公正义务论（Folger，2001）指出，旁观者在观察到不道德行为时，旁观者会采取惩罚施害者的行为来恢复公正。这一预测暗含了旁观者、施害者和受害者处于平等地位这一假设。在本书研究中，组织与员工处于不平等地位，作为旁观者的员工处于弱势地位，员工并没有表现出直接惩罚施害者的行为，而是采取了减少积极行为这样一种行为。结果初步表明，施害者与旁观者的关系会影响到旁观者行为的选择，旁观者对惩罚行为的选择是理性分析的结果。这一研究发现丰富了公正义务论，具有一定的理论价值。

1.2.1.4 揭示了组织第三方指向不道德行为影响员工行为的中介机制

当前，在组织行为学的研究中，研究成果都是以公正义务论（Folger，2001）为指导，直接将组织第三方指向不道德行为与旁观者行为相连，缺乏对旁观者行为发生的心理中介机制研究。本书以公平启发式（Lind，2001a）为基础，以整体公正感为中介变量，提出了组织第三方指向不道德行为影响员工整体公正感，整体公正感影响员工行为的中介路径，并且被实证检验所支持。研究结果揭示了组织第三方指向不道德行为影响员工行为的中介机制。

1.2.2 研究难点

本书属于探索性研究，可供参考的研究成果有限，因此，研究中难点较多，主要如下。

1.2.2.1 理论模型构建

由于本书研究采取了以员工为旁观者视角进行研究，可以借鉴的相关研究非常有限。因此，以合理的理论为指导，构建其研究的理论模型，推导出变量间作用路径关系、厘清变量间作用机理是本书研究的重点，也是难点之一。

1.2.2.2 组织不道德行为的准确测量

当前，对组织不道德行为的研究中，由于研究对象和研究目的的不同，并没有形成统一的测量方法，对其的测量往往取决于研究对象和研究目标的特征。因此，准确提炼组织不道德行为的内涵，并对组织的不道德行为进行准确测量是本书研究的难点之二。

1.2.2.3   移情的调节机制

移情是心理学研究中的重要概念，当前对移情的研究也主要集中在心理学领域，在管理学领域的应用并不多。而且现有文献对移情的研究主要考察了它的直接作用后果，少有研究考察移情的调节作用。本书将移情从心理学领域引入管理学研究中，并且变为考察移情的调节作用。因此，合理把握移情的调节作用，探寻移情调节作用的发挥机制是本书研究的难点之三。

1.3   研究方法与研究路线

1.3.1   研究方法

1.3.1.1   文献分析方法

文献分析是一种能够帮助研究者快速掌握某一领域研究现状、发现研究不足的方法。通过文献分析，可以快速厘清相关研究、理论的发展变化脉络，能够帮助研究者了解当前的研究现状、存在的不足和未来可能的研究方向。文献分析有助于研究者对研究中不同观点的吸收、理解，明确自己研究的基本概念和大致研究框架；有助于研究者充分理解理论含义及不足，能帮助研究者合理运用理论，理顺逻辑关系、构建研究框架、确立理论模型并提出相关研究假设。本书利用文献分析法，系统分析了组织不道德行为、整体公正感、员工在职行为和移情的相关研究文献。通过对相关研究文献的梳理，进一步明确了本书研究所涉及概念的内涵，初步厘清了变量间作用关系及其机制，为研究框架的确立奠定了基础。

1.3.1.2 深度访谈法

"深度访谈"是社会学研究中常用的一种方法，这种方法对概念的厘清和理论的构建都有重要意义。"深度访谈"是调查研究人员通过与被调查者有计划、有目的的交谈来收集特定研究问题一手资料的调查研究方法，这种访谈不同于一般的交谈，往往是针对特定对象进行的学术研究性交谈（陈向明，2000）。深度访谈法有一定难度，往往需要调查者具备熟练的沟通技巧和驾驭、控制访谈活动的能力，在访谈过程中要保证谈话内容限定在一个主题上。通过与被访谈者一对一的深入、细致交流获取受访者的意见和态度。并于访谈结束后及时归纳整理、概括总结出访谈研究内容，提炼出需要的信息。

深度访谈法虽然是一种很有效的研究方法，但要想获得良好的效果，研究者需要做好充分准备。研究者首先要根据调查目的设计出访谈提纲，访谈提纲尽可能简洁明了，只需列出访谈中的主要问题即可。访谈者要注意营造轻松、融洽的访谈环境，通过与受访者的情感交流，努力消除受访者对访谈的排斥情绪。在访谈实施中要注意提问要清晰，尽可能以受访者易于理解的方式提出问题，防止受访者不能很好理解问题而不能回答或错误回答。访谈中注意对访谈话题的控制，避免出现远离主题的现象，话题的转换也应当自然，保持访谈的流畅性。在条件允许的情况下，可以采取多种方式对访谈内容进行记录，比如可以通过笔记、录音等方式进行，但是录音方式需要得到受访者的同意。

由于社会规范、文化价值观不同，组织不道德行为是一个很难定义的概念，不同地区、国家的人对其有不同的理解。特别是在当前的中国，社会快速变化，各种思潮涌现，价值观也呈现出多元化态势，对组织不道德行为的理解也存在很大差异。因此，准确把握组织不道德行为的内涵和构成是本书研究的一个难点。本书中采用深度访谈的方法来了解在当前中国环境中，组织不道德行为的内涵和构成。希望通过对员工、企业管理者和相关研究领域学者的深度访谈，准确提炼出组织不道德行为的内涵和结构，为组织不道德行为量表的开发提供坚实基础。作者于2014年3月~2014年9月对公司员工、本领域学者进行了深度访谈，初步掌握了社会变革与多元价值观下组织不道德行为的内涵和构成。

1.3.1.3   问卷调查法

在管理学定量研究中，最为常用的方法之一就是问卷调查法。问卷调查法能够帮助研究者快速有效的向特定对象收集数据，而且一般而言，由于问卷调查中所用量表具有较好的信度和效度，研究人员可以通过大样本收集到高质量的数据。此外，问卷法相比较其他数据收集方法具有成本相对低廉的优势，并且问卷调查法容易得到被调查者的配合，因为问卷法占有被调查者的时间较少，被调查者易于接受（梁建、樊景立和陈晓萍等，2008）。本书研究中将通过配对问卷法，收集所需要的研究数据，在数据收集中尽可能保证匿名性，减少了数据的偏差。

1.3.1.4   数据分析

在本书研究中，将使用探索性因子分析、验证性因子分析、数据描述统计、多元回归和结构方程等方法进行研究；利用SPSS20.0、Mplus7.0等工具进行数据分析，检验研究假设；将对组织不道德行为影响员工在职行为的直接效应、整体公正感的中介效应、移情的调节效应进行检验。

本书在理论分析、构建模型、假设检验等研究中将综合运用文献分析、深度访谈、问卷调查和数据分析等方法。

第一阶段运用文献梳理、深度访谈、小样本问卷调查等方法展开研究。访问组织内部员工，从他们的视角了解组织不道德行为的内涵及其对自己看法；在开展访谈的同时，进一步深入梳理组织不道德行为、整体公正感、员工在职行为研究文献，并及时关注这一领域的动态发展。同时收集整理现有的组织不道德行为问卷，为后续组织不道德行为问卷的开发提供基础。

第二阶段利用理论归纳、逻辑推理、深度访谈和小样本问卷调查等方法展开研究。从公正义务论视角，探讨组织不道德行为影响员工行为的直接效应及其机理；利用整体公正感探讨组织不道德行为影响员工行为的间接效应及其机理。在第一阶段研究结论的基础上，使用量表开发的一般方法，采用题项净化、探索性因子分析、验证性因子分析等方法开发组织不道德行为量表、并建立和完善概念模型及相应的研究假设。

第三阶段使用大样本问卷调查的方式收集横截面数据，并借助于多种数据分析技术检验研究假设。以员工及其直接主管为数据提供对象，就研究中涉及的变量进行问卷调查。由于研究中的自变量和因变量大都为主观测量所得，为避免研究结论受共同方法变异（common method variance）的影响，收集配对数据，以保证研究结论的准确性。

1.3.2 研究路线图

本书研究结合管理学、心理学的相关理论，采取了文献分析、深度访谈、问卷调查、数据分析和归纳演绎等方法进行。依据研究的需要，设计具体研究路线图如图 1.1 所示：

1.4 本书内容安排

全书共分 6 章，具体章节安排如下。

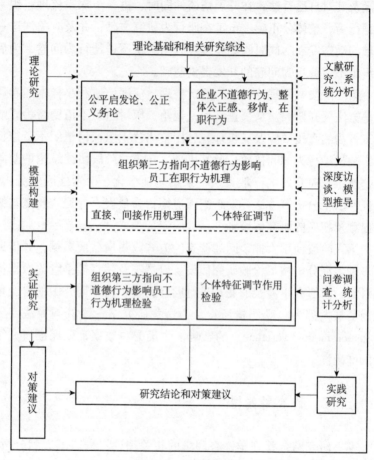

图 1.1　研究路线图

（1）绪论。本章主要介绍研究的背景、研究目的、研究意义、可能的创新、研究难点、研究方法、研究路线和内容安排。本章是全书的开始，通过对研究对象、研究内容、研究方法、研究难点、研究技术路线、结构安排等基本情况的介绍，展现了本书的概貌。

（2）理论基础与文献述评。本章以研究框架、研究目标和研究内容为主线，进行相关理论回顾和已有研究成果的述评。本章对公正义务论、公平启发式进行了回顾，为本书研究的开展提供了理论基础。通过对员工在职行为、组织不道德行为、整体公正感、移情研究的回顾，准确把握相关构念的内涵及其测量方法，既为组织不道德行为问卷的开发奠定了基础，也为假设提出提供了基础。在理论回顾和文献评述的基础上，总结和评述现有组织不道德行为和员工在职行为关系的相关研究，厘清变量间逻辑关系及作用路径，为后续模型的构建和可能的研究创新提供基础。

（3）组织不道德行为量表开发。本章在文献分析、深度访谈的基础上，首先确定组织不道德行为的构念，其次采用量表开发的一般程序，利用探索性分析和验证性分析等方法，开发组织不道德行为的测量工具。并且采用小样本测试等方法，验证所开发量表的信度和效度，为后续实证研究的开展提供基础。

（4）理论模型与研究假设。首先通过文献分析、深度访谈初步探索组织第三方指向不道德行为影响员工在职行为的路径；其次通过对文献的分析和理论的整合应用，进一步探索各变量间存在的影响机理，构建本书研究的理论模型；最后根据所构建模型的理论关系及内涵提出相应的研究假设。

（5）假设检验。在确定各变量测量工具的基础上，经过对问卷的合理设计，进行数据的收集。为确保数据质量，采用配对方法进行数据收集，为理论模型的验证提供保障。首先，对收集的数据进行处理、剔除不合格和缺失严重数据。其次，采用 SPSS20.0 对数据进行统计描述分析，运用 SPSS20.0 和 Mplus7.0 工具，对收集的数据进行处理，验证研究假设，检验理论模型。对假设验证结果进行讨论，分析研究假设的支持情况，为后续研究结论得出提供支持。

（6）结论与研究展望。本章是全书的结语，也是本书研究结果的直接体现。本章通过对研究结果的分析，得出研究结论，在分析研究不足的基础上，提出未来研究方向，为进一步的研究提供参考。并在此基础上提出企业层面的管理建议和对策，为企业管理实践提供帮助和指导。

1.5　本章小结

学术界对组织不道德行为的研究正在日益提高，研究表明组织不道德行为对员工态度、行为有显著负向作用（Lian，Ferris & Brown，2012；吴隆增、刘军和刘刚，2009）。但是，研究视角采取了二元的视角，只考察了组织针对员工的不道德行为对员工的影响，忽视了员工对观察到的组织不道德行为有何反应，组织第三方指向不道德行为对员工的影响没有得到重视和研究。而事实上，组织有许多不道德行为并非指向员工，而是指向客户、环境和社会等。我国古人早就提出"得道多助，失道寡助"，"众叛亲离"之说，早已经认识到个体在旁观到对他人的不道德行为时并非沉默的旁观者。实践也表明，员工在观察到组织的不道德行为时会产生离职意愿，甚至揭发行为。但现有研究并没有关注员工观察到组织的不道德行为时的反应，对其机理也缺乏研究。本书通过整合相关理论，探索组织第三方指向不道德行为对作为旁观者的员工有何影响，并力争揭示出其机理。

本章是本书的第1章，勾勒出了本书研究的总体框架，并对研究背景、研究意义、创新点、研究难点、研究方法、研究路线和内容安排等方面做出了说明。

第 2 章

理论基础与文献述评

2.1 理论基础

2.1.1 公正义务论

2.1.1.1 公正义务论的提出

公正义务（deontic justice）是 Folger（2002）自造的一个术语，指公正是一种义务，追求公正是个体道德规范的需要。由 Folger（2001）提出的义务论（deonancetheory）认为个体会受到责任感、义务和道德美德的驱动而会为了公正而追求公正（R. Cropanzano, B. Goldman & R. Folger, 2003; R. Folger, 1998; R. Folger & R. Cropanzano, 2002），公正是个体的义务。义务（deonance）根源于康德（Kantian）伦理学，个体认知过程中受到道德律令（categorical imperatives）这一普遍优先、无私本性的伦理原则的强制，会表现出只为公正而追求公正的动机和行为（I Kant, P. Guyer & A. W. Wood, 1999）。这与早期研究中把公平分为工具性模型和关系性模型有所不同的。工具性模型强调个人公平对个人利益的影响，指出个体关注公平是因为公平切实影响到了个人的利益，比如分配公平、结果公平就是典型的工具性公平模型的研究结果。而关系型模型强调公平的社交需求，指出个体强调公平是由于社会交换中自尊、地位的需要而重视公平，比如互动公平就是典型的关系公平视角的研究结果。然而，行为伦理学家们很早就发现，个人对公平的关注不仅仅是因为把公平看做工具或关系。Folger（1998）更是认为，不论是工具模型还是关系模型，都受到个人利益目的的驱动，虽然一个是直接，另一个是间接，看似两种模型强调了不同的重点，但实质都是利己的，这并不符合人们追求公正的实际，因为这两种模型都完全摒弃了公正的道德价值，只把个人的私利看做导致个体追求公平并对不公平产生负面反应的根源，并不能完全解释人们对公正的关注（R. Cropanzano，B. Goldman & R. Folger，2003）。

为了更加全面、合理地解释个体关注公平的原因，Folger（1998）提出了解释人们关注公平的伦理价值模型。该模型指出，人们追求公平不是为了获得个人利益，人们只是把公平作为公平的目的，人们关注公平是出于基本的伦理精神和对人性尊严的尊重，人们不仅会关注自己的公正，也会去关注他人的公正。这一理论模型提出后得到了广泛的关注，形成了解释个体关注公平的公正义务视角（C. D. Beugré，2010；D. E. Rupp，J. Ganapathi & R. V. Aguilera et al.，2006）。Folger（2001）进一步解释，人们追求公平不只是关注自己的利益，并不把公平能否给自己带来利益作为是否追求公平的唯一标准，人们会为其他人的遭遇而追求公平，即便这个人和自己没有任何关系，他们也会追求公平，因为维护公平就是目标，追求公平就是美德（Cropanzano et al.，2001）。

Folger（2001）所建立的公正义务论认为，公平应当是一种社会道德规范，对公平的追求包含了个体对社会规范的期待。当公平被实现时，不只是能够满足个体对社会公正与正义的诉求，同时也满足规范社会发展的需要，因此，关注公平是符合道义的行为，公平就是公平的目的，公平是一种义务。

2.1.1.2　基于公正义务论的实证研究

自公正义务论（Folger，2001）提出后，众多学者对该理论的合理性进行了验证，研究的主要方法是实验。最为典型的研究是利用资源分配范式展开的研究。研究者通常为参与者提供一个资源池（通常是金钱），要求参与者决定在自己和他人之间如何分配这些资源。在这项研究中，提供给参与者供他们进行分配决策的唯一信息就是当事人（被分配者）在上一次的分配中是如何对待他人的。参与者有多种分配方式可供选择，包括自私型（将绝大多数资源分给自己，只给其他人一小部分）、平衡型（每个当事人都平均获得分配）、自我牺牲型（可以扣留上一轮不公正个体的资源，但条件是分配较少的资源给自己）。Kahneman，Knetsch & Thaler（1986）利用资源分配范式的一系列研究证实，个体有强烈的牺牲自我的利益（减少资源分配）来扣留（即惩罚）有不公正表现行为当事人资源的愿望和行为。Turillo，Folger，Lavelle，Umphress 和 Gee（2002）的实验研究重复和扩展了这些发现。在实验中，他们允许参与者对违反公正、不公正对待他人的个体进行惩罚，但是当参与者实施惩罚行为时，自己的报酬会被削减。研究结果显示，在实验中参与者会对违反公正的个体进行惩罚，即便是会牺牲一些自己的利益也愿意对违背公正的个体进行惩罚，虽然惩罚实行者并不能因此而获得任何的好处。甚至分配者在一点也不知道受害者，也没有任何机会再和任何一方有接触的情况下，分配者仍然保持了很强的自我牺牲来惩罚违规者，表明基于义务效应（deontic effect）或自我牺牲来惩罚犯错一方的愿望保持了稳健性。这说明实验中的参与者对不公平行为的惩罚并非因为自己的利益受损，惩罚行为是典型的道义惩罚（deontic punishment）。这一结果不能用公平的工具模型和关系模型加以解释，公平的工具模型和公平的关系模型都无法合理解释旁观者惩罚行为的动机。这说明人们关注公平是出于公正义务。之后研究者们对人们关注公平的伦理动机展开了深入研究，研究证实了个体的确存在关注公平的道义动机（Cropanzano et al.，2003），而且人们关注公平的动机和努力，在很大程度上是源于个体形成的如何对待他人才是符合道德和社会规范的认知，当个体判断某些行为不公平时，则是因为他们认为这些行为违背了社会规范和道义要求（R. Folger，R. Cropanzano & B. Goldman，2005）。而且个体对公正的关注不仅仅是工具性和社会地位需要，也是道德内化的需要，公正被当做是道义的需要，是个体的义务，个体在面对不利的结果时依然会追求公平（R. Cropanzano & J. H. Stein，2009）。个体对一项行为公平与否的判断和因此而发生的行为都根源于个体内化的道德义务和责任，只有符合道德义务和责任规范的行为才是公平行为（J. A. Colquitt & J Greenberg，2001；R. Cropanzano，Z. S. Byrne & D. R. Bobocel et al.，2001；R Folger，2001；1998）。旁观者惩罚行为的动机就是基于内化的道德，是对公正是义务的认识，是一种认知反应机制，当认知到行为违反了社会公正规范的要求时，会激发认知反应导致惩罚意愿（R. Cropanzano & D. E. Rupp，2002）。这些研究进一步表明个体关注公平的动机只是为了公平本身，公正是个体的义务。

随着对研究的深入，学者们对公正义务（deontic Justice）内涵基本达成了一致，赞成 Folger 公正义务的观点。认为公正是个体的一种责任，是个体的义务，公正是人们社会化生存的道德需要，每个社会个体都需要遵守社会规范，公正的对他人，每个人都应当被公正的对待，公正义务应该是人们一项基本道德义务，公正应该就是公正的目的（L. Montada，1998），公正义务就是个体的道德美德（moral virtue），是个体内化的道德义务和责任 Folger（1998，2001）。

2.1.1.3　公正义务论的发展

公正义务论还描述了人们为什么通过惩罚违背道德标准者来恢复自己不公正的感觉。公正义务论视角的实证研究表明旁观者会采取惩罚显著违背道德标准的一方，即使受害者并没有感到被伤害（E. E. Umphress，A. L. Simmons & R. Folger et al.，2013）。此外，Lutgen-Sandvik（2005）的研究发现至少一些目击者看到工作场所的欺辱行为时会产生同情感，特别是当这些欺辱行为严重违反了一些道德标准时，甚至一些目击者宁愿承担个人辞职的损失来表达对这些欺辱行为的抗议。

早期的研究认为，对违背公平一方的惩罚是一种伦理选择，是旁观者具有伦理意识和道德内化的表现，如果旁观者不惩罚违背公平的一方，则说明旁观者缺乏道义精神（Folger et al.，2005）。但是 Turillo 等（2002）的研究发现，不实施惩罚行为的旁观者并非缺乏伦理和道义，当旁观者认为自己的惩罚行为有可能对其他无辜方的利益造成损害时，旁观者实施惩罚行为的可能性和强度都会减弱。一项以学生为对象的研究表明，在观察到不公平行为时，旁观者惩罚与否的决定过程是非常复杂的，不会因为基于道德内化而快速做出实施报复性惩罚的决策，旁观者会在自己伦理认知框架下，经过行为分析、归因和价值规范等认知程序来形成自己的决策框架，做出违背公平的一方是否应对其行为负责的判断，并且基于自身道德对是否进行惩罚进行调节（D. E. Rupp & C. M. Bell，2010）。因此，旁观者惩罚行为不是简单的公正义务的认知反应，而是旁观者在公正义务激发下经过合理归因、伦理认知和道德规范调节下做出的伦理决策（J. O'Reilly & K. Aquino，2011），尽管旁观者内化的公正义务会促使报复性惩罚行为的出现，但旁观者同时会启动个体的自我道德调节，促使旁观者做出是否惩罚犯错方的决定（D. J. O'Reilly，2013）。

　　道义惩罚的心理基础或明或暗的表现为在公正规范被违背后恢复公正感的渴望。从这层意义来说，道义惩罚可以看作是应得的惩罚，犯错者需要为自己违反规则的程度、造成的伤害付出一定比例的代价，这一理念驱动了惩罚行为（K. M. Carlsmith, J. M. Darley & P. H. Robinson, 2002）。长期以来，道义惩罚的研究框架聚焦于旁观者对不公正行为的唯一反应——惩罚，然而，有研究表明，当旁观者介入不公正事件时，惩罚并不是他唯一的可能行为。旁观者也可以选择通过提供指导、社会支持和直接的补偿帮助受害者（J. M. Darley & T. S. Pittman, 2003; D. M. Gromet, T. G. Okimoto & M. Wenzel et al., 2012; S. Lotz, A. Baumert & T. Schlösser et al., 2011）。

　　最近，学者们注意到惩罚施害者与帮助遭受不公正对待者的互补关系（M. C. Leliveld, E. Dijk & I. Beest, 2012; S. Lotz, A. Baumert, T. Schlösser, F. Gresser & D Fetchenhauer, 2011; J. Van Prooijen, 2009），因为这都可以消除个体在观察到道德规范被违反时导致的公正威胁感，虽然帮助受害者采取了受害者为中心的途径而惩罚采取了施害者为中心的途径来达到这一目的（J. M. Darley & T. S. Pittman, 2003; D. M. Gromet, T. G. Okimoto, M. Wenzel & J. M. Darley, 2012）。在法律范围内，受害者补偿通常是指正式的、法庭强制的惩罚来达到恢复受害者在遭受伤害之前的状态。在社会范围内，受害者补偿可以采取社会支持的方式。社会支持可以采取多种形式（J. S. House, 1987），其中最为重要的两种形式是情感性支持和工具性支持（T. A. Beehr, 1985）。工具性支持代表提供有形的产出，比如直接帮助某人完成工作任务，或提供给额外的资源比如时间和信息等。情感性支持表现为关怀行为，比如倾听受害者的倾诉，或表现出对他人需求的关心。与工具性支持相符，研究者已经证明管理者会向遭受不公正对待的个体提供特权或资源，不论不公正是来自组织外部还是组织内部（T. Nadisic, 2008）。如果管理者，不能直接纠正组织内部的不公正时，管理者会利用掌控的附加福利进行补偿，比如，为遭怠慢的员工在受欢迎的项目中提供一个职位，或者在繁忙时间提供按时下班的特权。

此外，情感性支持可以减弱被虐待者感受的负面效应，能够恢复受害者退缩的自尊和群组内的社会地位（S. Cohen & T. A. Wills，1985）。日益增多的实证研究表明，旁观者通常愿意采用帮助受害者的方式来代替惩罚不公平一方的加害方。帮助受害者不仅能够恢复受害者对世界公正的感觉，同时也能恢复受害者在遭受不公正之前的心理和情感状态。

也有学者持"惩罚的首要地位"观点，他们认为，旁观者愿意惩罚加害者而不是帮助受害者，如果这种惩罚行为可利用时（R. Hogan & N. P. Emler，1981）。比如，Van Prooijen（2009）研究发现，当旁观者和受害者有较远的社会距离时，旁观者倾向于对加害者处以更高的罚金而不是支持给予受害者同样的补偿。然而，其他的研究发现，旁观者更可能采取混合策略，特别是在两种方式都可利用的情况下（M. C. Leliveld，E. Dijk & I. Beest，2012；S. Lotz，A. Baumert，T. Schlösser，F. Gresser & D. Fetchenhauer，2011）。利用投资游戏的研究表明，当参与者能够补偿受不公正待遇的选手时，他们对加害方的惩罚力度会减弱，惩罚加害方和帮助受害者都是能够回复公平的道义反应（G. Charness，R. Cobo-Reyes & N. Jiménez，2008）。

最近的研究表明，除了与惩罚相关的潜在成本之外，惩罚者也能获得个人利益。比如，在一系列的两难实验研究中，Barclay（2006）的研究表明，实施惩罚行为的人不仅仅会获得一个好的名誉，而且也有可能获得经济利益，因为其他人会对惩罚实施者给予货币利益。但是，利他惩罚与揭发行为通过促进合作规范能够为全社会产生更多的外部利益，这远远超过了利他惩罚者或揭发者所获得的利益（Near & Miceli，1995）。

2.1.2　公平启发式

2.1.2.1　公平启发式的提出

公平是社会学、心理学和组织行为学研究中关注的焦点，对此问题的研究文献非常丰富，学者们对此问题保持了超过百年的兴趣。经过多年的研究，影响个体形成公平感的因素有分配（J. S. Adams，1965；P. M. Blau，1964；G. C. Homans，1961；S. A. Stouffer，E. A. Suchman & L. C. DeVinney et al.，1949；E. Walster，E. Berscheid & G. W. Walster，1973）、程序（G. S. Leventhal，1976；J W Thibaut & L Walker，1975）和互动（R. J. Bies & J. S. Moag，1986）这三个方面。个体遭受到的分配、程序、互动待遇影响到个体公平与否的判断，影响到个体公平感的形成（J. M. Nicklin，R. Greenbaum & L. A. McNall et al.，2011）。然而对公平决策产生的研究都基于个体是否能够获得足够的信息，但是现实却是个体往往缺乏足够的结果、程序、互动方面的信息。基于此，Lind等（1988）对把公平划分为支离破碎的几个维度提出了质疑，并提出了公平启发式理论，解释个体在现实中公平感的形成机制。

公平启发式理论是由Lind等（E. A. Lind，2001a；E. A. Lind & T. R. Tyler，1992）在研究关系模型的过程中产生的，是对个体公平感形成机制进行解释的一个新理论。公平启发式的核心内容在于解释人们如何形成公平判断，如何使用公正感，以及人们为什么要关注公平。基于关系模型的研究指出，领导权威合法性是否被员工认可，其关键在于员工的公平感（Lind & Tyler，1992），个体是否接受权威的指令，由个体的公平感受所决定，当个体感受到公平时，他们会接受来自权威的指令。而员工公平感的形成是依据从权威处获得的信息，比如分配结果信息就可以作为自己进行公平感判断的依据，如果下属不能获得这类信息，下属就会借助权威决策程序方面的信息来形成自己的公平判断（Lind & Tyler, 1992）。但是，通常情况下，员工无法获得足够的信息，因此，下属常常是依据具体公平（比如某一项结果、某一程序）感知、启发式的去获得一般公平感，并依据一般公平感决定自己会采取的相应行为（E. A. Lind, C. T. Kulik & M. Ambrose et al., 1993）。后续的实证研究支持了这一理论模型，研究结果发现，当个体遭受某种具体结果时，会形成结果公平与否的评价，而形成的结果公平与否的评价进而会影响到个体对一般公平的判断（K. Van den Bos, E. A. Lind & R. Vermunt et al., 1997）。

由 Lind（2001）构建的公平启发模型包括了两个阶段：第一个阶段是人们怎样形成公平判断；第二个阶段是怎样使用公平判断指导自己的行为。首先，在公平判断形成时期，下属们会搜集关于管理者、权威的可靠信息，此时权威的可信度对公平判断有显著影响（K. Van den Bos, H. A. Wilke & E. A. Lind, 1998），但是关于管理者和权威的信息往往很难获得，对员工而言信息是不完全的，也是不清晰的，员工没有办法获取足够的信息做出管理者和权威公平与否的判断，此时员工只能借助于与公平有关的基本信息作为启发来帮助自己判断管理层、权威是否可信。比如当员工无法直接得到管理者和权威是否可靠的信息时，如果管理者和权威在分配程序上是公平的，员工就会依据程序公平的信息，启发式的得出自己所获得的结果也是公平的判断。此外，员工在互动中是否体验到公平，比如是否被尊重、是否获得了发言权、解释的机会等都会影响到个体的互动公平体验，进而影响到一般公平的判断。Lind（2001）认为，在这一阶段，个体遭遇的具体公平行为，包含分配公平、程序公平和互动公平的体验都会被当做启发物快速启发个体形成对管理者和权威公平与否的一般判断。

依照公平启发模型，个体会依据在最初公平判断阶段出现的信息, 启发式的形成总体一般公平判断, 而一般公平判断一旦形成, 就会快速转向应用阶段。在应用阶段, 已经形成一般公平判断会影响个体的认知、态度和行为, 表现出是否信任、是否合作、是否接受权威和规则, 以及对具体公平形成产生再影响 (Lind, 2001)。一般公平判断一旦形成, 就会保持较高的稳定性, 长时间影响个体对事件公平与否的解释和行为决策。在公平的应用阶段, 已经形成的一般公平感 (在公平判断阶段形成) 反过来会影响个体对自己遭受的具体公平体验进行再解释, 此时, 一般公平感就成为影响自己对管理者和权威具体行为公平与否判断的原因。比如, 一个个体已经形成了管理层和权威不公平的一般判断, 此时在感受到管理者和权威的具体行为时, 即便从客观角度来分析可能是公平的, 该个体也会得出不公平的判断。因此, 在公平判断的形成阶段具体的公平体验影响个体的一般公平判断; 在公平的使用阶段, 个体的一般公平判断又重新解释遇到的具体公平行为, 影响对具体公平行为的判断, 并影响到自己的行为。依据 Lind (2001) 的解释, 公平判断的形成阶段是非常快速的, 会在短时间内启发形成, 因此, 个体接受公平信息的顺序对公平判断的形成有重要影响。实验表明, 个体遭受相同数量的不公平/公平事件时, 其中最早遭受不公平事件的个体, 相比其他晚遭受不公平事件的个体会得出更不公平的判断 (L. Thompson, L. J. Kray & E. A. Lind, 1998)。

2.1.2.2　公平启发式的假设基础

任何理论的提出都以其理论假设为基础, Lind (2001) 等的公平启发式理论也不例外。构成公平启发理论基础的假设有三个。

第一个假设是, 人们之所以关心公平是基于 "基本社会困境" (fundamental social dilemma), 即在人们的工作生活中, 人们往往发现如果自己认同某一组织并投身到这一组织中时, 虽然能够通过自己的劳动和努力为组织提高绩效, 在实现组织目标的同时也能够实现自己的价值，因而获得更大的成功。但是人们同时也发现，当自己投入一个组织中时，往往会受到组织的约束，必须遵守组织的规章制度，放弃其他的机会，此时员工会担心组织是否能够公平对待自己，自己的付出是否能够得到认可，自己是否不会被组织剥削等等。这会让人们处于两难困境，Lind（2001）将这一困境称之为基本社会困境。

当员工在面临基本社会困境时需要判断自己的伙伴、主管是否可以信任，而信任的产生是基于一些难以直观观察到的信息，因此，员工很难确定自己的伙伴、主管否可以信任，此时员工们常常依据感受到的公平性作为判断的依据，即员工根据伙伴、主管和组织对待自己是否公平来决定自己的行为。如果员工感觉到公平时，就会选择加入组织，而感觉不公平的时候就会选择离开组织。Lind（2001）的研究表明，当个体把自己的身份与某一组织的身份联系起来时也会遇到基本社会困境。个体将自己的身份与组织的身份相联系时能够扩展自己的身份，提高自己的影响，改善自己的形象，形成自己的组织归属感，为自己带来收益，但个体在选择把自己的身份与组织相联系时，也会遭遇被组织排斥或拒绝的风险，虽然直接的拒绝不太可能发生，但是温和、委婉的拒绝同样会给个体带来伤害，形成消极的影响。

公平启发理论的第二个假设是公平是作为启发存在的。由于两难困境的普遍存在，个体需要快速的解决两难问题，因而 Lind 等（2001）认为个体不可能经过逐步搜集信息然后再理性分析进行决策。个体会依据可获得的信息，快速地形成公平判断，此时公平判断就是启发形成的，并影响到后续的行为。如果个体认为自己得到了公平的对待，就会迅速做出加入组织、服从组织、达成合作的行为，而当个体感受到不公正对待时，个体会倾向于保护自己的个体利益，选择离开或不合作的行为。Lind（2001）进一步解释了个体为何要采用公平启发式来解决基本社会困境，他认为，公平启发式占用了个体较少的认知资源，能够让个体有更多的认知资源和计算能力来应对组织的要求，选择合理的拒绝或服从行为与方式，而且公平启发式提供了一种简洁有效的决策方式，这一决策方式可以避免决策过程中的犹豫不决和拖沓，为决策者提供了行动的信心，此时，决策者只需根据自己是否得到了公正对待而进行决策和行动，整个过程快速而有效。后来的实验证实了公平是启发形成的这一假设（Van den Bos Kees，Lind et al. 1997）。

公平启发理论的第三个假设认为公平是信任的代替。由于员工加入组织后，处于社会基本困境，面临被组织、他人排斥或利用的可能（E. A. Lind，L. Kray & L. Thompson，1998；E. A. Lind & K. Van Den Bos，2002；K. Van Den Bos & E. A. Lind，2002）。但是，个体的能力、所获得的信息是有限的，而信任所需要的信息资源是非常巨大的，因而个体很难做出主管和组织是否可信的判断。这样个体会选择公正作为是否可以信赖自己的主管、组织的预测变量，个体就会采用公正启发式所形成的整体公正感做出是否可以信赖的决策，并指导自己以后的决策和行为。

Lind（2001）认为，信任对解决社会两难困境很重要，如果个体能够信任管理者和权威，那么社会两难困境就能得到解决。但是信任比公平感更难以评价，因为个体对管理者是否可信的判断源于管理者的品质、道德和能力等难以观察的特征（R. C. Mayer，J. H. Davis & F. D. Schoorman，1995）。对个体而言，由于产生信任所需要的信息并不总是可以得到，判断管理者和权威是否可信就会变得很困难。因而个体会寻找对信任的替代，利用公平信息替代信任信息是认知的捷径。而公平启发之所以成为信任的替代是因为启发具有简洁性。当个体面临排斥、威胁和被利用时，个体缺乏时间、精力和认知资源来应对问题，没有足够的能力理性分析、决策，不可能在全面考虑所有问题后再做出是否信任的决定。启发形成的一般公平判断需要较少的认知资源，为其他重要的任务释放剩余的认知资源，可以为后续的决策和行为保留足够的认知资源（Lind，2001），因而使用公平启发式是有益的。但是，启发式并不经过精确计算，基于启发式的一般公平判断有可能与现实不一致。

2.1.2.3　公平启发式与不确定性管理

Lind & Van den Bos（2002）的进一步研究发现，从更宏观的视角来看，个体关注公平，利用启发式来处理两难困境的背后是对不确定性的管理。而公平启发式理论虽然解决了信任的不确定性问题，即用启发式公平来代替信任，从而为信任的判断提供了快捷方式，但信任背后的问题是不确定性。不确定性在个体的工作、生活中是普遍存在的，个体面临的不确定性除了对信任的不确定性之外还有很多，对不确定性的管理是个体的重要行为。通过对人们不确定管理的研究，Lind & Van den Bos（2002）提出了不确定性管理理论。

不确定性管理理论的核心观点是，人们为了自身工作、生活和学习的需要，需要对他们所处的环境进行管理，需要预测自己所处的环境是否安全、可控，但预测信息的获取是困难的，通常无法完全获得。当人们面临缺乏进行预测所需要的信息时，人们就从自己所处社会环境中寻求其他可替代信息来处理面临的不确定（E A Lind & K Van Den Bos，2002）。

公平启发理论提出的个体缺乏信任相关的信息，就是不确定性管理理论中的信任不确定性问题，因为个体不能确定管理者、权威是否值得信任，因此，基于公平启发理论的对此的解释就是公平启发式代替了信任。而不确定管理理论中对此的解释就是信任成为不确定性管理的一种。Lind & Van den Bos（2002）指出，人们是通过自己的公平判断来管理不确定性，其中也包括了对管理者信任的不确定性管理，人们需要对自己的公平判断更加确定，这有助于人们更好地管理不确定问题。

随着研究的深入，不确定管理理论开始关注个体面临的更多不确定性，比如，公平也有可能是不确定的。不确定管理理论指出如果缺乏关于结果、程序的相关信息时，个体就会产生结果、程序公平的不确定问题，而在公平启发式理论中不包含公平的不确定性，公平被看做是可以通过快速启发做出判断。在不确定管理理论框架下，个体会寻求其他的信息来源来形成自己的公平判断，从而可以解决公平的不确定。

在不确定管理中，公平被认为是最重要的因素。人们常常要面对各种不确定，这些不确定有可能源自不完全信息、社会情境或人们自身，但不论遇到何种形式的不确定，人们都会使用公平判断作为自己管理不确定的依据，进而缓解不确定的影响。不确定管理理论指出，即便人们不能很好地减少、消除不确定，但是人们依然可以通过公平判断对不确定进行管理，比如，在预知某种不确定后能够减轻不确定带来的心理压力，提高对可能出现的不确定的容忍度。人们往往通过公平判断来管理对不确定的反应，从相关的或者不相关的公平经历中得到安慰（K. Van Den Bos & E. A. Lind，2002）。Van den Bos（1998，1999，2002）和 Lind（1992，1993，2001，2002）的研究也解释了人们为何关注公平，他们认为，人们常常遇到的不确定性是人们关注公平的根源。面对不确定性时个体缺乏有效的应对方式，而通过对公平的判断，能够让人们应对不确定性，为管理不确定性提供了可能。特别是当管理者、权威的可信存在不确定性时，人们就会倾向于把管理者、权威公平与否作为判断其是否可信的启发信息。

不确定性管理还被看做是一个认知过程，在这个认知过程中会引发对公平判断的信息替代机制 Lind（2001），在信息不能获得的情况下，人们常用各种公平信息来替代其他的公平信息。比如常常用程序公平替代结果公平，如果认为程序是公平的，也就可以判断结果是公平的，从而可以消除自己是否被公平对待的不确定性，这种替代被称为公平判断的信息替代效应 Van den Bos（2001）。公平判断的形成除了信息的替代效应，还有顺序效应。比如个体先遭受公平对待后遭受不公平对待，对个体而言产生的程序公平感高于先遭受不公平对待后遭受公平对待的个体（K. Van den Bos, E. A. Lind, R. Vermunt & H. A. Wilke, 1997），Lind（2001）的研究也发现，先前形成的公平判断具有首因效应，形成了先入为主的作用，后期获得的信息难以改变先前的公平判断。

公平启发式理论的意义在于解决了个体在面对信息不足时如何解决基本社会两难问题。公平启发理论（模型）揭示了在信息缺乏的情况下人们的公平判断是如何形成的、在一般公平判断形成后又是怎样使用公平判断来解决不确定问题的。对公平研究的贡献在于提出了公平形成的一种认知模式，提出在人们认知资源有限且不能获得足够有效的信息时，如何采用公平启发式来解决信息不足的问题。这一理论的提出对个体公平判断的形成和使用具有重要的意义。公平启发理论认为公平的形成是快速的、是利用有限信息做出的启发式决策，公平判断形成后产生的一般公平判断在使用阶段会对后续的公平事件进行解释，影响个体的行为。公平启发理论提出后得到了学术界的广泛重视，进行了大量的理论拓展和应用研究（M. M. Harris, F. Lievens & G. Van Hoye, 2004；D. A. Jones & M. L. Martens, 2009；K. Leung, K. Tong & S. S. Ho, 2004；X. Qin, R. Ren & Z. Zhang et al. , 2014）。

2.2　组织不道德行为研究回顾

2.2.1　组织不道德行为的内涵

组织不道德行为的研究虽然具有一定的历史，但是，对其定义和内涵却存在较多的分歧。不同的研究者出于各自研究的目的和便利采用了不同的定义和测量方式。研究者们普遍认为组织不道德行为包含违反正式、显性的标准、制度或违反法律和社会规范的行为。由于不同国家（地区）标准、制度的不同，以及法律、社会规范的差异，学者们对组织不道德行为的定义也存在显著区别。Baucus（1991）以法律法规以及法院的判罚为基础，认为组织的不道德行为包括四种类型的违法行为：对消费者的歧视行为、特定的垄断行为、产品义务中故意隐瞒对消费者存在危害的行为和其他违法行为。这些行为都属于法律假定企业应该清楚和遵守的行为。Neil等（2005）则关注了组织间交往过程中的不道德行为，把组织违反行业规则的破坏行为定义为不道德行为，比如不遵守已经签订的合约。Carter（2000）以供应商和购买商之间关系为视角，认为违背合作规范的行为，比如随意改变供应商选择规范、标准，或者隐瞒重要信息、提供虚假采购信息等，属于组织的不道德行为。Hill等（2009）指出，遵守供应商和购买商的合作规范是非常重要的，违反合作伙伴关系规范是典型的不道德行为。比如选择供应商时，优先考虑与自己有亲密个人关系的供应商，或者在决定购买标准时，根据预想的供应商来设定供应资质或确定采购标准，或者根据公司高层的喜好来选择供应商，而不遵守已有的、设定的供应商选择标准。

2.2.2　组织不道德行为测量研究

从上述文献回顾可以看出，学术界对不道德行为的内涵有不同的认识，因而对于不道德行为的测量，长期以来学术界也没有形成较为统一和普遍接受的方法。早期研究中，有学者利用企业档案数据来测量不道德行为，这种方法虽然具有很好的客观性，但是数据的获取较难，而且并不是所有的组织不道德行为都会被记录在案，通常只包含了违法行为，所包含的内容相对较少。为了能够较为全面地测量组织不道德行为，并为研究者提供一个相对易于操作的方法，学者们开发了组织不道德行为的测量指标和量表。Carter（2000）开发了一个二维度的量表来测量组织不道德行为，包含欺骗型不道德行为和敏感型不道德行为。Kaptein（2008）在借鉴相关研究者测量方法的基础上，开发了一个包含五维度的组织不道德行为测量量表。分别为：针对财务人员的不道德行为和针对客户的不道德行为、针对员工的不道德行为、针对供应商的不道德行为和针对社会的不道德行为。虽然该问卷比较准确地反映了组织不道德行为的内涵，测量内容也基本包含了组织大多数的不道德行为，但是由于文化差异和法律差异和社会价值规范的不同，包含的问题并不能很好地适用于中国情境。

　　上述组织不道德行为的测量问卷都是在西方情境下开发出来的，并且都是在西方情境下使用，这些量表中的一些题项并不适合在中国情境下使用。因此，开发适合中国情境的组织不道德行为测量工具是迫切而必要的。

2.2.3　组织不道德行为后果的研究

　　组织不道德行为的作用后果是学术界关注的另一热点，研究成果主要集中在对组织绩效、消费者的影响。

2.2.3.1　对组织绩效的影响

　　组织不道德行为对组织的影响中，学者们主要考察了对组织财务绩效的影响。Baucus 等（1997）的研究发现，组织不道德行为对组织绩效有显著负向影响，而且这种影响会持续 3 ~ 5 年。Gunthorpe（1997）通过定量的数据分析研究了组织不道德行为对组织短期绩效的影响，研究发现，一旦组织的不道德行为被曝光，

投资者会"用脚投票",企业的市值会出现明显下降。Brammer &
Millington(2008)的实证研究表明,虽然一些组织通过实施不道德
行为在短期内有可能获利,比如一些企业随意排放废弃物的确可以
降低环保成本而在短期获利,但是,长期来看,这类企业的业绩明
显低于未实施不道德行为企业的绩效。

2.2.3.2 对消费者的影响

Creyer(1997)研究了组织的道德行为和不道德行为对于消费
者购买意愿的影响,结果表明,消费者愿意支付较高的价格购买他
们认为有道德企业的产品,而只愿意支付很低的价格购买不道德企
业的产品。Leonidou,Kvasova & Leonidou 等(2013)研究发现,消
费者感知到组织的不道德行为后,品牌满意度和品牌忠诚度都会降
低。Rowley(2004)通过多阶段现场追踪实验发现,消费者对企业
品牌的信任一旦遭到组织不道德行为的破坏就很难再恢复。大量研
究表明,当组织的负面事件被曝光时,消费者不仅会减少或拒绝购
买该企业的产品,甚至于会采取抵制行为(K. Braunsberger &
B. Buckler,2009;L. Chavis & P. Leslie,2009;J. G. Cromie &
M. T. Ewing,2009;R. V. Kozinets & J. M. Handelman,2004)。国内
学者对组织不道德行为后果的研究相对较少,但是一些学者对组织
不道德行为研究进行了积极的探索(姜丽群,2014;杨伟、刘益、
王龙伟等,2012)。

2.3 员工在职行为研究回顾

这里的在职行为界定为积极行为和不良行为。关于积极行为和
不良行为的研究非常丰富,限于篇幅和行文的关联性,在此仅对这
两种行为研究中与本书研究密切相关的内容做出述评。

2.3.1　积极行为研究

积极行为（positive behavior）是员工放眼未来，主动寻求改变来帮助组织提高绩效的一种行为模式（U. K. Bindl & S. K. Parker，2011）。Luthans（2002）提出了积极组织行为这一概念，认为积极组织行为是员工积极导向的行为倾向和心理状态。潘孝富等（潘孝富，2008；潘孝富、秦启文，2009；潘孝富、秦启文、张永红等，2012）基于中国文化背景，通过实证研究将积极组织行为概括为增益或促进组织功能积极发挥，并能导致个体和组织效能提高的员工利组织行为。Parker 等（2006）关注了组织中员工自我引导行为，指出员工关注未来、寻求改变的行为是一种积极行为，这种积极行为能够为组织带来积极变化，包括改变员工自己和改变员工所处的工作环境。Parker & Collins（2010）从积极行为对组织的影响度出发，提出了 10 种具体的积极行为，通过因子分析，把这 10 种行为分为积极工作行为、积极战略行为、积极人—环境匹配行为三类。积极工作行为是指个体的积极行为，比如主动工作、工作中的创新行为等；积极战略行为是指对部门、组织有意义的积极行为，比如积极建议；积极人—环境匹配行为是指一些让员工和环境更加协调、匹配的行为，包括积极反馈等行为。Griffin 等（2007）把积极行为分为个体、团队和组织三个层面的积极行为，这一分类法简单明了，得到了学术界的普遍认可。

2.3.1.1　积极行为的测量

Lehman（1992）开发的积极行为量表由一个维度构成，采用李克特五分等级量表，共五题，该量表经过多次使用，表现出较好的信度和效度。Bateman 等基于积极行为概念开发了只有一个维度，包含 17 个题项的测量量表，并且通过小样本测试表明该量表具有

较好的信度和效度。Parker 等（2010）通过对以往研究中使用的多
个量表进行整合、抽取，提出了一个三维度的积极行为测量量表。
该量表为二阶模式，强调对积极行为整体概念的测量，符合量表简
洁性的要求，同时测量成本也较低，得到了较为广泛的使用。国内
学者潘孝富等（潘孝富，2008；潘孝富、秦启文，2009；潘孝富、
秦启文、张永红、谭小宏，2012）通过对生产型企业的调研，编制
了积极组织行为问卷，该问卷由投入行为、负责行为、主动行为、
创新行为、助人行为、谋取人际和谐行为共六个维度构成，共有 33
个题项。从研究成果来看，对积极行为的测量量表较为丰富，学术
界普遍使用和认可的量表是 Lehman（1992）开发的量表，但该量
表是在西方文化背景下开发成功的，并且开发年代较早，不一定能
反映中国文化背景下的积极组织行为。虽然该量表经国内学者使用
（张伶、聂婷，2013），取得了较好的信度和效度，但是否适用于本
书研究还有待验证。

2.3.1.2 积极行为的影响因素

从已有的研究中可以发现，影响员工积极行为的因素较多，其
中主要的因素有以下几个：

第一，公平感。员工的公平感被认为是影响员工积极行为的最
重要因素。组织行为学对公平的研究发轫于亚当斯的公平理论
（J. S. Adams，1965；1963）。组织公平感是组织成员对组织如何对
待自己的主观判断和感受，因此公平与否与个人的感受有关，具有
主观性。在亚当斯看来，对个体工作积极性影响最大的因素是员工
的公平感。员工在工作中会进行横向和纵向的比较，通过比较来作
出公平与否的判断。当员工感知自己所得到的与自己所付出同他人
相比不对等时，就会产生不公平感。此时，员工的积极性就会降
低，积极行为将会减少。而当员工感到公平时，就会提高积极性，
表现出有利于组织的行为。关于公平的早期研究表明，分配公平、

程序公平对工作满意度有显著影响（D. B. McFarlin & P. D. Sweeney，1992）。李新云、陈加洲（2013）以劳务派遣工为研究对象，发现分配公平、程序公平、人际公平和信息公平对工作满意度有积极影响，能够增强员工的结果满意度。组织公平能够增强个体的组织承诺感（Y. Wong, H. Ngo & C. Wong, 2002），而组织承诺会促进积极行为。叶宝忠（2014）的研究表明组织公正对知识共享行为有积极影响，而王忠、杨韬等（2014）以知识员工为对象的研究进一步表明，组织公平对隐性知识分享也有积极作用。秦伟平和赵曙明（2014）研究了新生代农民工的组织公平与工作嵌入的关系，研究结果发现组织公平对新生代农民工工作嵌入有显著积极影响。相反，员工感受到组织不公平时，则会对组织产生消极反应。李超平、时勘（2003）的研究表明，分配公平和程序公平对工作倦怠有着显著影响，分配不公和程序不公都会引起工作倦怠。周浩、龙立荣、王燕等（2005）以大学生为研究对象，通过奖学金的分配公平事件的研究表明，程序公正、分配公正、互动公正对大学生的班级归属感、学习投入和班级荣誉感都有显著影响。王燕、龙立荣、周浩等（2007）的研究还表明组织不公正会引起员工的退缩行为。皮永华（2006）研究了组织公平感分维度对员工行为的影响，结果发现人际公平对组织公民行为具有正向预测作用，人际公平、程序公平和信息公平对于组织报复取向有着显著影响。

　　第二，组织支持感。Eisenberger, Hutchison & Sowa（1986）等提出的组织支持理论认为，当员工感知到组织对自己的关怀、尊重和认同时，员工会得到心理的满足，个体的自尊感将会增强，对组织的认同也会提高，从而会表现出更多的积极行为。此后，组织支持被认为是对员工进行激励的一种模式。后续的研究基于社会交换理论，对组织支持感的作用机理进行了解释，认为组织支持与员工个体的积极行为实质是一种交换行为。这种交换行为是以情感交换为主，可以对组织承诺产生积极影响（R. Eisenberger,

F. Stinglhamber & C. Vandenberghe et al., 2002；M. L. Kraimer &
S. J. Wayne, 2004；L. M. Shore & L. E. Tetrick, 1991）。Newman,
Thanacoody & Hui 等（2011）的研究发现，组织支持感对情感性组
织承诺有显著影响，当员工感受到组织的支持时，会提高员工对组
织的情感性承诺。Miao Ren-Tao（2011）则讨论了组织支持感对组
织公民行为（帮助行为、公民道德、责任心和谦恭行为）的预测作
用，发现组织支持感对员工的帮助行为、公民道德，责任心和谦恭
行为都有积极作用。Gcorge & Brief（1992）的研究表明，组织支持
感能够诱发员工的组织公民行为，表现出额外工作努力以及为组织
提出建设性建议等。Zhixia Chen, Eisenberger 等（2009）的研究证
实组织支持感能够激发员工的互惠、回馈意愿，现出更多的角色外
绩效。Eisenberger、Anneli S、Rexwinkel. B. 等（2001）的研究表
明，组织支持感能够提高员工的工作卷入，组织支持感还能够通过
增加员工的组织自尊、工作胜任感和工作自尊，员工得到这些心理
的满足后，出于互惠的原则会提高工作投入行为以作为回馈。

第三，心理所有权。大量的研究证实，组织心理所有权对员工
积极行为有显著影响。组织心理所有权是指个体把整个组织作为目
标物的占有感，最早由 Pierce, Rubenfeld & Morgan（1991）提出，
其最初的原意为员工把组织当作自己所有物时产生的一种占有感
（L. Van Dyne & J. L. Pierce, 2004）。对组织心理所有权影响员工行
为机理的解释，源于心理学中个体的占有感（L. Furby, 1978），这
种占有感能让个体对某一特定的目标物产生"占有"的感觉，这种
感觉可以是对有形物体也可以是对无形物体的"占有"。当员工形
成对组织的心理所有权时，会认为组织是属于自己的，会把组织当
做是自己的占有物。在 Furby（1978）看来，当个体产生对某个目
标物体的占有感时，个体会产生一种责任感和自我概念。责任感会
驱使个体保护、提高该占有物，从而激发个体为占有物付出更多努
力的愿望，而自我概念会把占有物看作是自己的一部分，从而产生

类似于为自己利益而努力的愿望。大量的研究表明，组织心理所有权与角色外行为有显著正向关系（J. L. Pierce & I Jussila，2010；陈浩、惠青山，2012；梁果、李锡元、陈思，2014；吕福新、顾姗姗，2007；潘孝富、秦启文、张永红、谭小宏，2012；杨齐，2014a）。对于员工而言，心理所有权能够满足员工的三种基本心理需求（空间感、效能感和自我认同）。当员工的这三种需求得到满足时，会让员工产生对组织的责任感，这种责任感让员工投入更多的时间和精力积极工作，员工便会积极维护组织的利益，实施更多的角色外行为（J. B. Avey，B. J. Avolio & C. D. Crossley et al.，2009）。员工的组织心理所有权能够让员工感知到自己在组织中的地位、权力，提升了员工的自我认同，而员工的自我认同会激发个体更多的积极行为（J. L. Pierce，T. Kostova & K. T. Dirks，2001）。此外，组织的心理所有权还会激发个体的自我效能感（D. G. Gardner & J. L. Pierce，2001），而自我效能感对个体的积极行为有显著影响。

第四，基于组织的自尊。基于组织的自尊是组织成员对组织能够满足自我需求、实现自我意义的相信程度（J. L. Pierce，D. G. Gardner & L. L. Cummings et al.，1989），能够提高员工的工作满意感、组织认同、降低离职意愿，表现出更高的组织绩效和创新行为等（K. D. Carson，P. P. Carson & H. Lanford et al.，1997；J. L. Pierce & D. G. Gardner，2004；陶建宏、师萍、段伟宇，2014）。高组织自尊的员工认为自己在组织内是有意义、有效率和有价值的（J. L. Pierce，D. G. Gardner & R. B. Dunham et al.，1993）。高组织自尊还会促进员工的建言行为。汪林、储小平等（2010）的研究表明，组织自尊中介了领导者与经理人建言行为，高组织自尊的经理人更愿意向领导者建言。而且基于组织自尊中介了威权领导同仁慈领导交互项与任务绩效、OCB 行为的关系（S. C. Chan，X. Huang & E. Snape et al.，2013）。高组织自尊的员工能够感受到自己在组织中的价值和影响力，有利于个体形成积极的自我概念，不仅能够激发积极的工作态度，而且也能激发更高的工作满意度和积极行为（S. Thau，C. Tröster & K. Aquino et al.，2013）。

第五，心理授权。研究发现，心理授权及其各维度对组织公民等积极行为可以产生直接影响。心理授权会让员工将组织目标内化为个人目标，而内化后的目标能够激发员工的积极行为，比如组织公民行为，而且员工对组织目标内化程度越高，积极行为表现就越高（S. Menon，2001）。心理授权能够激发员工的组织认同感（韩翼、杨百寅，2014），而组织认同对员工的积极行为有显著影响。心理授权能够激发员工的自我效能感和自主性，进而激发员工的组织公民行为（R. Bogler & A. Somech，2004）。汤学俊（2014）的研究发现，心理授权中介了变革领导对员工组织公民行为的积极作用，而且心理授权对组织公民行为也有显著影响。尹俊、王辉（2011）的研究显示心理授权与组织公民行为呈显著正相关关系。除了对组织公民行为有积极影响之外，心理授权还对员工的创新行为有积极影响。朱颖俊、裴宇（2014）的研究表明，心理授权会对员工的创新行为产生积极作用。心理授权能让员工感知到工作意义，当员工认为工作对自己的重要性时，他们愿意付出更多的时间和努力去探索、研究如何做好工作，愿意尝试各种可能的方法去工作，这会促使员工突破原有工作模式的限制，提出更多新的工作思路或方法（X. Zhang & K. M. Bartol，2010）。刘云等的研究也表明心理授权对员工创新行为有积极作用（刘云，2011；刘云、石金涛，2010）。宋典与袁勇志等（2011）采用跨层研究方法验证了心理所有权与创新行为间的关系，结果证实心理授权对创新行为有积极作用。

第六，领导方式对员工积极行为也存在显著影响。领导方式也会对员工积极行为产生影响，特别是伦理型领导、服务型领导和变革型领导对员工积极行为存在显著作用（Y. Qi & L. Ming-Xia，2014；高中华、赵晨，2014；解志韬、田新民、祝金龙，2010；杨齐，2014b）。

2.3.2　不良行为研究

员工不良行为是指员工主动做出违反组织制度、危害到组织和（或）组织中成员的行为（S. L. Robinson & R. J. Bennett，1995）。Robinson & Bennett（1995）认为引起员工不良行为的外部因素主要有员工的经济压力、社交压力、组织的不公平对待、不良工作环境和组织变革等。当员工感受到外部的不公平时，就会通过不良行为表现来宣泄自己心中的不满，表现出破坏组织财物、攻击同事等行为。不良工作行为对组织和员工利益都有负面的作用（P. D. Dunlop & K. Lee，2004）。国内学者刘善仕（2002；2004）专门研究了越轨行为，张燕、陈维政（2008；2011；2012；2013）对员工的不良行为进行了较为深入的研究，他们从工作场所角度把员工的不良行为称为工作场所偏离行为。在对不良行为的定义中，学术界普遍赞同的是 Robinson & Bennett（1995）的定义，认为不良工作行为指员工主动做出违反组织的规范、对组织和组织中成员有危害的行为。

2.3.2.1　不良行为的构成维度和测量

Hollinger（1983）开发了一个单维度量表，包含了两种不良行为：生产性偏离行为和财产性偏离行为。Robinson & Bennett（1995）认为员工的不良行为包含四个维度，分别是生产性偏离行为、财产性偏离行为、政治性偏离行为和人身攻击行为。Robinson & Greenberg（1998）在后来的实证研究中认为，把员工的不良行为划分为组织指向不良行为和人际指向不良行为两个维度更为恰当，并且开发了组织指向和人际指向两个维度的量表（R. J. Bennett & S. L. Robinson, 2000）。Spector & Fox (2002) 开发了一个两维度的量表用于测量员工的不良行为，包含主动反生产行为，被动反生产行为两个维度。Gruys & Sackett (2003) 依据人际—任务关系、组织—任务关系开发了一个两维度的量表，包含人际—任务相关、人际—非任务相关、组织—任务相关、组织—非任务相关四个方面的员工不良行为。Rotundo & Xie (2008) 基于中国情境的研究，开发了一个与 Gruys 量表相似维度的量表，用于中国员工不良行为的测量，该量表经过使用具有较好的信度和效度。Appelbaum & Iaconi (2007) 也开发了一个两维度的量表，包含积极偏差行为和消极偏差行为。Stewart, Bing & Davison 等 (2009) 开发了一个三维度结构的员工不良行为测量量表，包含生产性偏差行为、财产性偏差行为和人际攻击行为。尤方华和陈志霞 (2012) 开发了一个四维度的员工不良行为测量工具，包含工作任务指向、人际指向、财务指向和组织指向四类员工不良行为。彭贺 (2011) 开发了一个四维度的员工不良行为量表，包含他人指向、组织指向、消极指向任务、激进指向任务不良行为。Xu & Wang (2013) 基于中国情境开发了一个与领导、人际、财产、生产等相关的四维度员工反生产行为测量量表。Spector (2006) 开发了一个五维度的量表，包含辱骂他人、生产偏差、蓄意破坏、偷窃和撤退行为。Bashir, Nasir & Qayyum 等 (2012) 开发了一个包含蓄意破坏、撤退行为、偷窃、时间资源的滥用和回扣/腐败六个维度的测量工具。

虽然对于不良行为的测量学术界采用了不同测量维度，但是，总体而言，大多数学者都比较支持和赞同 Bennett & Robinson (2000) 开发的二维结构量表，而且从实证研究来看，大多数以问卷调查法对员工不良行为进行的实证研究都使用了 Robinson & Bennett (2000) 开发的量表（P. D. Dunlop & K. Lee, 2004; T. A. Judge, B. A. Scott & R. Ilies, 2006）。笔者也认为员工的不良行为可以划分为：组织指向不良行为和人际指向不良行为，并计划采用 Robinson & Bennett（2000）的量表测量员工组织指向的不良行为。但是，由于该量表是在西方情境下开发和使用为主，在中国情境下的有效性还需检验。

2.3.2.2　员工不良行为的影响因素

影响员工不良行为的因素主要有外部情境因素和个体自身因素（V. Browning，2008；K. Lee & N. J. Allen，2002；M. J. Martinko，M. J. Gundlach & S. C. Douglas，2002）。影响员工不良行为的个体因素有很多，学者们进行了大量的研究（D. V. Krasikova，S. G. Green & J M LeBreton，2013；V. C. Lau，W. T. Au & J M Ho，2003；M. J. Martinko，M. J. Gundlach & S. C. Douglas，2002；E. H. O'Boyle，D. R. Forsyth & A. S. O'Boyle，2011；M. Priesemuth，A. Arnaud & M. Schminke，2013；B. Schyns & J. Schilling，2013；程伟波，2014；张永军、廖建桥和赵君，2012）。由于本书关注的是组织第三方指向不道德行为对员工的影响，因此，只对影响员工不良行为的情境因素进行回顾。

情境因素主要是指与组织、工作、团队和组织外部情境等不同层次和内容相关的因素变量，具体而言，包括组织规范与政策、组织技术氛围、雇用条件、人力资源政策、组织的伦理氛围与伦理文化、绩效考核与薪酬管理，任务困难性、工作技术要求、工作目标、工作特征、员工参与、工作促进与支持、领导、团队沟通、团队规范、团队建设、团队过程、团队效能、团队公平氛围、团队相似性、团队信任、同辈群体、团队特性，行业、人口等组织外部情境因素（D. V. Krasikova，S. G. Green & J. M. LeBreton，2013；V. C. Lau，W. T. Au & J. M. Ho，2003；M. J. Martinko，M. J. Gundlach & S. C. Douglas，2002；E. H. O'Boyle，D. R. Forsyth & A. S. O'Boyle，2011；M Priesemuth，A. Arnaud & M. Schminke，2013；

B. Schyns & J. Schilling，2013；程伟波，2014；张永军、廖建桥和赵君，2012）。工作环境不公会导致员工产生负面情绪，员工的负面情绪会激发员工的负面行为，员工会表现出迟到、早退、出工不出力等行为（S. Fox，P. E. Spector & A. P. Association，2005）。人际互动公平、组织惩罚会对员工工作时间上网行为产生显著影响，人际互动不公会增加员工工作时间上网行为（P. Z. M. De Lara，2006）。员工与组织间的心理契约对员工的不良行为有显著作用，当员工感觉到组织违背了心理契约时，员工会表现出更多的不良行为（P. Bordia，S. L. D. Restubog & R. L. Tang，2008）。组织的支持能够抑制员工的不良工作行为，员工感到组织的支持时，会表现出正向的回报行为，从而减少不良行为（K. Aquino，M. U. Lewis & M. Bradfield，1999；A. E. Colbert，M. K. Mount & J. K. Harter et al.，2004）。组织实行的惩罚制度、制度的执行力和约束力都能够显著的抑制不良工作行为（刘善仕，2004）。当员工感知到组织是公平的时候，员工的反生产工作行为就会显著减少（王苗苗，2012）。Sheppard，Lewicki & Minton（1992）认为，员工在遭受组织的不公平对待时，会实施人际指向的不良行为，通过说同事坏话或侵犯他人来达到自我平衡。当员工感觉到工资分配不公时会诱发员工偷窃公司财物的行为（J. Greenberg & K. S. Scott，1996）。当员工的个人目标与组织目标发生冲突时，管理者的批评会导致员工的挫折感，而员工的挫折感则会引起员工的不良行为（C. Hartel，N. M. Ashkanasy & W. Zerbe，2005）。

员工的公平感往往跟负面情绪相关，当员工感觉到组织不公平时，容易出现烦躁、愤怒、怨恨的负面情绪（S. Fox，P. E. Spector & D. Miles，2001），而当一个人处于负面情绪时，个体就会倾向于通过一些不良行为来发泄（P. E. Spector & S. Fox，2002）。公平感缺失导致的负面情绪很容易导致员工的不良工作行为（J. B. Rodell & T. A. Judge，2009；J. Yang & J. M. Diefendorff，2009）。当组织实施不公正的决策、不公正的行为时，会诱发员工的不满，员工会产生诸如生气、愤怒等，员工生气、愤怒的负面情绪则会引发员工的不良行为（R. Folger，1987；1993；J. Greenberg，1990）。Hoilinger & Clark（1983）的研究表明，当员工感觉到组织没有公平的对待自己时，员工会产生愤恨和不满，为了平复心中的不满和愤恨，员工会采取不良行为进行报复。研究表明，当员工感受到分配不公、程序不公时会激发偷窃行为（J. Greenberg，2002；1993），而且员工在感受到组织的不公时，还会表现出报复行为，员工个性等特征在组织不公平与报复行为的选择中发挥了调节作用（D. P. Skarlicki & R. Folger，1997；D. P. Skarlicki，R. Folger & P. Tesluk，1999）。Colquitt，Conlon & Wesson（2001）等通过元分析方法表明了组织不公正行为与离职行为、工作倦怠有显著关系，当员工感觉到组织不公正时，离职意愿会显著上升，而且工作倦怠感也会提高。在后来的研究中，Colquitt，Scott & Rodell 等（2013）再一次利用元分析法证实了组织不公正会引发员工的离职意愿与工作倦怠。员工遭受组织的不公正待遇时，除了离职意愿和工作倦怠感上升之外，还会激发员工的敌意。员工会表现出诋毁组织、消极怠工，甚至攻击行为（L Francis & J Barling，2005；B. J. Tepper，M. K. Duffy & J. D. Shaw，2001）。Beal & Ghandour（2011）的研究表明坏心情会促发员工的消极行为，孙旭、严鸣和储小平（2014）基于中国情境的研究进一步验证了坏心情对反生产行为的影响，还发现中庸思维对二者关系有调节作用。

还有学者的研究表明员工的组织认同也会显著影响员工的不良行为（N. T. Feather & K. A. Rauter，2004），低组织认同的员工常常表现出更多的不良行为（M. Olkkonen & J. Lipponen，2006；R. Van Dick，M. W. Grojean & O Christ et al.，2006）。职场排斥也会引起员工的反生产行为（闫艳玲、周二华和刘婷，2014）。张永军（2014）的研究表明绩效考核公平感与反生产行为有显著负向关系，而且交换意识调节了两者间的关系。

随着研究的深入，学术界开始关注团队层面的因素对员工不良行为的影响。Enns & Rotundo（2012）分析了工作组间竞争、集体不公平和工作小组认同对员工反生产工作行为的影响。结果发现，竞争和集体不公正的交互效应对个体的不良工作行为有显著影响，工作组认同对这一作用有调节作用。在集体不公正的情况下，工作组间的竞争更易激发高工作组认同员工的不良工作行为。Priesemuth, Arnaud & Schminke（2013）的研究表明，在团队层次的整体不公平感对不良工作行为有显著影响，小组成员之间的依赖关系调节整体不公正感对不良工作行为的影响。

在影响员工不良行为的情境因素研究中，领导方式的作用得到学者们的普遍关注。Mayer, Kuenzi & Greenbau 等（2009）研究发现，伦理型领导对下属的不良工作行为有显著的负向作用，员工感知到领导的伦理特征和伦理领导方式时，不良行为会显著减少。Avey, Palanski & Walumbwa（2011）的研究同样发现伦理型领导对员工偏差行为有抑制作用，伦理领导程度越高，员工的偏差行为则越少，而且他们还发现员工自尊对两者的关系具有调节作用，员工自尊越高，伦理型领导对员工偏差行为的抑制越强。而 Schyns & Schilling（2013）研究发现，破坏型领导对下属的不良行为有显著作用，员工感知到的破坏型领导程度越高，员工的不良行为越显著。Wei & Si（2013）的研究发现，辱虐领导对下属的不良工作行为有显著激发作用，辱虐领导会引发下属的破坏、退缩、生产性偏差和偷窃等行为。员工的内外控倾向对辱虐领导与下属的破坏、生产性偏差、偷窃行为关系有调节作用，但是对辱虐领导与下属退缩关系没有调节作用，员工感知的工作流动性对辱虐领导与下属退缩、偷窃关系具有调节作用，但是对辱虐领导与下属破坏、生产性偏差关系不具有调节作用。Holtz & Harold（2013）研究了领导关怀与员工反生产行为之间的关系。结果表明，领导关怀对下属的反生产工作行为具有显著抑制作用。

通过对文献的梳理，不难发现，学术界对员工积极行为和不良行为的研究非常充分。但在员工积极行为、不良行为情境影响因素中只研究了与员工直接相关的因素，研究视角局限于直接影响的研究。缺乏以员工为旁观者视角的研究，没有考虑组织与他人的关系对员工在职行为影响的研究。本书从员工为旁观者这一视角研究组织第三方指向不道德行为对员工在职行为的影响，为研究员工行为前因变量提供了新的视角，研究结果将更加有助于学术界、管理者对员工在职行为影响因素的全面认知。

2.4　整体公正感研究回顾

2.4.1　整体公正感的概念

公正感的研究在过去的 30 年中得到了学术界的极大重视。长期以来公正感被划分为几个维度。学者们提出了分配公正、程序公正、人际公正等多维度的公正感构念（Y. Cohen-Charash & P. E. Spector，2001；J. A. Colquitt，2001）。随着研究的深入，学者们开始意识到公正感不应该被划分成多维度的结果，一些学者认为，应当从整体视角来评价组织的公正，而不仅仅是把公正分为分配公正、程序公正、人际公正等多个维度的构成（M. L. Ambrose & A. Arnaud，2005；N. M. Hauenstein，T. McGonigle & S W. Flinder，2001；K. Van Den Bos & E. A. Lind，2002）。Lind（2001a）在其提出的公平启发式理论（fairness heuristic theory）中指出，个体对公正的判断不应当被割裂、划分为具体的维度，而应该是一种整体性的评价，提出了整体公正感的概念并且以公平启发式为基础，研究了整体公正感是如何形成的。整体公正感自提出后受到了学者的广泛关注，学者们提出了不同的定义，其中较为学术界接受和认可的是 Ambrose & Schminke（2009）所做的整体公正感定义。他们认为：整体公正感反映了个体基于自己的感受和（或）他人的经历对某实体（entity）公正性的整体评价。这一定义，也得到了后续整体公正感研究者的认可（D. B. Ganegoda & R Folger，2015；B. C. Holtz & C. M. Harold，2009；D. Jones，C. Willness & S. Madey，2013；J. M. Nicklin，L. A. McNall & C. P. Cerasoli et al.，2014；Y. Zhang，J. LePine & B. Buckman et al.，2013）。这一定义表明了整体公正感的两个特点：第一，整体公正感是关于某实体（如组织本身、管理层或直接主管等）公正程度的总体性评价，不是针对某一具体事件（如薪资、升职、招聘、工作分配等各类决策事件）是否公正的评价，这是与早期公正感研究中把公正区分为程序公正、分配公正、互动公正的最大不同；第二，整体公正感是通过启发式判断而形成（E. A. Lind，2001a；2001b），启发信息可以来自实体对自己的行为直接形成，也可以来自实体对待他人的行为（是否符合社会道德规范、法律法规等）间接形成。

整体公正感概念提出后，学术界对整体公正感与公正感的具体维度（即程序公正、分配公正、互动公正）之间的关系进行了大量研究，研究发现，整体公正感相关测量条目的因子载荷不同于具体公正各维度的因子负荷（T. Kim & K. Leung，2007）。Beugre & Baron（2001）的研究发现，程序和互动公正与整体公正感在因子载荷构成上有显著区别，而且程序和互动公正可作为整体公正感的预测变量。Jones & Martens（2009）通过两项研究发现整体公正感与四维度具体公正感不同，整体公正感是独立的概念，支持了 Lind（2001a）的论点。Nicklin、McNall、Cerasoli、Strahan & Cavanaugh（2014）的通过验证性因子分析表明，整体公正感与四维度结构的公正有区别，整体公正感是一个不同于多维度公正的构念，而且整体公正感在预测效度上更优。因此，整体公正感这一构念逐步得到学术界的认可，普遍赞同整体公正感是与多维度结构的公正感不同的构念，并且具有更为简洁和有效的预测效度（A Cohen，2013）。笔者也赞同 Ambrose & Schminke（2009）所做的整体公正感定义，并基于相关研究定义整体公正感为：整体公正感是员工对组织公正与否的整体评价，员工的整体公正感可以基于组织如何对待自己，也可以基于组织如何对待他人而快速启发形成。

2.4.2　整体公正感的测量

对于整体公正感的测量，Colquitt & Shaw（2005）与 Lind（2001a）提出了各自的测量方法。两种方法都采用了社会实体的研究范式，在测量中都要求受试者对某个实体（通常是自己的直接主管或是自己所在的组织）的公正性进行评价，在评价题目的设计上，都是对实体的整体公正性评价（Cropanzano et al.，2001）。区别在于，Lind（2001）认为，整个公正感是基于自己的体验对实体是否公正的整体评价，而 Colquitt & Shaw（2005）则认为，员工对实体的整体评价可能源于自己的亲身感受和体验，也可能来自于对他人经历的观察和体会而形成对实体的整体公正评价。事实上，有研究证明，个体的整体公正感可以来自对他人的感受或经历的体验（L. J. Kray & E. Allan Lind，2002；E. A. Lind，L. Kray & L. Thompson，1998）。

因而两种测量方法的不同只在于，Lind 更强调受试者的个人感受，而 Colquitt & Shaw（2005）的测量中强调了整体公正感既可以来源于个人，也可以来源于对他人遭遇的观察和感受。Ambrose & Schminke（2009）利用演绎法综合了 Lind（2001）和 Colquitt & Shaw（2005）的研究，开发了一个六题目的整体公正感测量问卷，采用里克特七点量表，并在多次使用中获得较好的信效度检验（S. Aryee，F. O. Walumbwa & R. Mondejar et al.，2013；D. R. Bobocel, 2013；L. Marzucco, G. Marique & F. Stinglhamber et al. , 2014；Patel, C. Budhwar & P. Varma, 2012；D. Whiteside & L. Barclay, 2013)。其中有两个条目主要用于测量受试者自己直接体验到的组织整体公正感，另外三个条目则不拘泥于自己的直接体验，从而全面测量对组织整体公正感的评价。在实际使用中，Choi（2008）建议最好将被试者自己对组织整体公正感的体验放在最后，这样可以防止员工回答问卷时产生混淆感。

2.4.3　整体公正感的作用效果

当学术界逐渐接受多维公正感与整体公正感是完全不同的构念后（D. A. Jones & M. L. Martens, 2009），整体公正感的预测作用成为学术界关注的一个重要问题。早期的学者们比较关注整体公正感与多维公正感作用的比较。Fassina & Jones 等（2008）的研究表明，整体公正感对组织公民行为的解释效果优于具体公正感。Jones & Martens（2009）的研究发现，整体公正感对员工感受到的管理者支持、情感承诺、工作满意度、离职愿意和管理者信任的解释作用强于具体维度公正感的解释力，进一步证实了整体公正感的预测效果优于各维度具体公正感。

随着研究的深入，学者不再只是进行整体公正感与多维度公正感的比较和区分，学者们开始关注整体公正感的直接作用后果，更多的研究开始考察整体公正感的作用。Johnson & Martens（2009）检验了员工对组织的整体公正感、对部门的整体公正感与角色内绩效、组织公民行为的关系，发现只有部门整体公正感与角色内绩效、组织公民行为有关，并且这种关系受到与领导交换关系的调节。Kim & Leung（2007）跨文化研究发现，低物质主义国家中，整体公正感与员工离职意愿的关系、整体公正感与工作满意度的关系都强于高物质主义国家员工。Patel, Budhwar & Varma（2012）

的研究表明，整体公正感对工作小组认同有显著影响，员工感受到
的整体公正感越高，其对工作小组的认同感也就越高。

整体公正感还中介了多维公正感和结果变量之间的关系
（Greenberg，2001；Shapiro，2001）。公平启发理论明确指出，整体
公正感对员工态度有显著影响，各个具体的公正维度则通过作用于
整体公正感，以整体公正感为中介来影响个体的态度和行动
（Lind，2001b；Colquitt & Shaw，2005；Scott，Colquitt & Zapata-
Phelan，2007）。Ambrose & Schminke（2009）以整体公正感为中
介，研究了分配公正、程序公正、互动公正与组织公民行为、组织
偏差行为和员工任务绩效的关系，结果表明，整体公正感的确起到
中介作用，而且他们认为依据心理学研究原则和模型的简约性，完
全中介更加合理。Patel，Budhwar & Varma（2012）的研究也表明
整体公正感中介了四种具体维度公正感对工作小组认同的影响，整
体公正感则通过工作群体认同对员工出勤率和社会惰化产生影响，
而且员工责任心调节了工作群体认同对社会惰化和出勤率的影响。
Tsai（2012）以公立大学职员为研究对象，研究了整体公正感对职
员的心理授权、组织承诺、离职愿意的影响。结果表明，整体公正
感对心理授权、组织承诺、离职愿意有显著影响，而且心理授权、
组织承诺中介了整体公正感对离职意愿的影响。Bobocel（2013）
研究了整体公正感对个体报复意愿、原谅愿意的影响，发现当个体
感受到较高的整体公正感时，面对不公平的事件会表现出较低的报
复意愿和较高的原谅意愿，其中自我关注导向和他人关注导向与整
体公正感的交互效应对报复意愿和原谅意愿的影响更强。Priese-
muth，Arnaud & Schminke（2013）的研究表明，小组层面的整体不
公正氛围对员工偏差行为、政治行为有显著影响。Whiteside & Bar-
clay（2013）的研究结果证实，整体公正感会影响到员工的沉默行
为，进而影响到员工情绪耗竭、生理退缩、心理退缩和个人绩效。
Aryee，Walumbwa，Mondejar & Chu（2013）基于自我决定理论和

社会交换理论研究了整体公正感与工作绩效的关系。发现需求满足、对组织的信任中介了整体公正感对内生动机的作用，而内生动机影响到员工的工作绩效，其中整体公正感对需求满足、对组织信任有显著影响，员工的整体公正感越高，员工的需求满足感、对组织的信任也越高。Barclay & Kiefer（2014）的研究表明程序公正、互动公正和分配公正对整体公正感都有显著影响，但是程序公正、互动公正的影响强于分配公正的影响，整体公正感对积极情绪有正向作用，对负面情绪有减缓作用。De Roeck，Marique & Stinglhamber 等（2014）的研究证实，整体公正感对员工的组织认同有显著影响，员工的整体公正感越高，对组织的认同也越高。Ahmad，Shehzad 等（2014）的研究表明整体公正感对工作绩效有积极影响，而且整体公正感中介了企业社会责任对工作绩效的影响，员工对企业社会责任的感知影响了员工对组织的整体公正感，进而通过整体公正感影响员工的工作绩效。

还有学者对整体公正感的调节作用进行了研究。Cohen-Charash & Mueller（2007）发现整体公正感具有调节作用，整体公正感能够调节员工妒忌与攻击行为间的关系，当不公正感越高时，嫉妒与人际攻击行为关系越强烈。Choi（2008）基于公平启发式的研究提出，整体公正感还能调节多维公正感与结果变量之间的关系，并且实证研究了组织整体公正感、领导整体公正感在多维公正感和结果变量之间的调节作用。研究结果发现，组织整体公正感越高，分配公正、程序公正对组织承诺的影响越低；整体公正感越高，程序公正、人际公正对员工组织指向的组织公民行为的影响作用越弱。而整体主管公正感负向调节人际公正对员工管理者信任的关系；员工的整体主管公正感越高，人际公正对员工管理者信任的影响越低；整体主管公正感还有负向调节信息公正对员工上级指向公民行为的影响，整体公正感越高，信息公正与员工上级指向的公民行为关系越弱。

学术界的实证研究表明，个体的态度会随着时间而改变（C. G. Lord，R. M. Paulson & T. L. Sia et al.，2004）。因此，有学者对整体公正感与时间的关系进行了研究，希望揭示出整体公正感是否会随着时间的变动而变动。Holtz & Harold（2009）的实证研究表明员工的整体公正感的确会随着时间而变化。该研究结论与公平启发理论观点不一致，公平启发理论认为在未发生巨大变革的情形下，员工的整体公正感应该是稳定不变的（Lind，2001b）。Guo（2012）后来进一步研究了整体公正感与时间的关系，发现整体公正感有明显的时间滞后性，整体公正感会随着时间而变化，但是其变化慢于具体公正感的变化。

2.5　移情研究回顾

2.5.1　移情的概念

移情是发展心理学中的一个重要概念，有时也被称为共情（陈晶、史占彪和张建新，2008）。移情研究最早源于美学领域，兴起于德国，其德文词为"Einfühlung"。Titchener（1909）后来将其翻译成英文"empathy"，其意为把自己投射到所观察的事物中去。移情不仅是个体感受到他人的情感并表现出于他人相似情绪的能力，而且还表现为能以他人的心境来理解他人（黄希庭，2004）。基于心理学对移情研究的发展来看，主要有三种形式的移情。

2.5.1.1　认知性移情

认知性移情是移情研究者早期研究的成果，移情研究者认为移情的核心是个体对他人情绪状态的认知，强调个体对他人心理感受、情绪状态的感受和体会。Dymond（1949）定义认知性移情为：

移情是想象性地将自己投入到他人的思维、情感和行为，像他人一样来构建世界。认知性移情只要求对他人情绪状态达到认知即可，并不要求移情者产生与被移情者相同的情感体验（R. Hogan，1969)，只是对被移情者思想、感受、知觉和意图等的认知和觉察（W. J. Ickes，1997)。

2.5.1.2　情感性移情

随着对移情研究的深入，研究者逐渐认为认知性移情不能很好地反映个体的移情行为，移情不是简单的认知过程，移情者的情绪反应是移情产生的关键，由此提出了情感性移情。情感性移情是对知觉到的他人情绪体验的情绪反应，情感性移情是在理解他人情绪基础上产生的与被移情者类似的情绪反应（A. Mehrabian & N. Epstein，1972)，这种情绪反应是与另一个人即被移情者的情境相吻合，而不是与自己所处情境的吻合，是一种替代性的情感反应（M. L. Hoffman，1981)，是个体能够站在他人的立场上考虑并体会到他人的体验与感受的能力（D. M. Berger，1987)。情感性移情支持者认为情绪体验是情感性移情的核心要素，情感性移情不仅仅在于认知他人的情绪状态，而且还在于能够产生与被移情者情绪状态相似的情感体验。如果只是对他人情绪状态进行判断、感受到他人的情绪状态，而不产生与他人相似的情感体验并不是情感性移情，只是认知性移情。

2.5.1.3　认知—情感融合视角的移情

情感性移情虽然强调了移情的情感共享，但并没有否定认知的作用，因为移情产生的基础在于对被移情者情感的认知，认知性移情与情感性移情不能完全分离。基于此，学术界普遍认为移情是一种既包括认知成分又包括情感成分的活动，两者不能简单割裂（S Baron-Cohen & S Wheelwright，2004；M H Davis，1994)。应当把移情看做是个体的一种能力，是个体能够理解、认知他人的情绪感受，并能够产生感同身受般情绪状态的一种能力（D. Cohen & J. Strayer，1996），是个体对他人情绪产生恰当理解并且能够做出合理反应的一种能力（S. Baron-Cohen，2002）。移情者产生与他人相一致的情绪状态是情绪体验的核心，在这个过程中移情者的认知活动调节着移情唤起，同时移情者的认知活动会影响移情体验的强度和性质（H. Bengtsson & L. Johnson，1992）。移情是移情者能够在区分自我、他人的前提下，对从他人到自己，从自己到他人之间所体验到的情感性匹配（J. Decety & C. Lamm，2006）。

　　由于认知—移情双重视角的移情包括了认知性移情和情感性移情成分，其构成就不再是单维度的，而是多维度的。虽然在具体构成上学术界有一定的分歧，但 Davis（1983）所提出的四维度成分得到了普遍的认可。四个维度分别是观点采择、同情关心、自我想象和个体忧伤。观点采择是指个体体会、感受到他人的遭遇、处境后能够理解他人的观点，从他人的视角看待、思考问题的能力。同情关心是对观察到不幸遭遇者的同情、关心的一种情绪反应，是对被移情者情绪的共享。自我想象是通过将自己放置于被移情者所处的环境，想象自己在这种境遇下的情绪反应，与早期研究中的自我为中心的角色采择类似。个体忧伤则是指移情者在观察到他人的不幸遭遇后，自己所产生的负面情绪，比如焦虑、不安和紧张等。

2.5.2　移情的测量

　　由于在现在心理学的研究中，移情研究者已经普遍接受了移情是由认知移情和情感移情共同构成，两者不可分割；同时，本书研究中对移情也采取了认知—情感融合的视角，因而只对认知—情感融合移情测量研究进行回顾。

　　由于认知性移情和情感性移情会混合发生，因此，仅仅从某一个方面对移情进行测量都是不完整的。后来的学者们强调从多维角度对移情进行综合测量，同时测量认知性移情和情感性移情。

Davis（1983）从移情的多维角度出发编制了人际反应指标，由28个题项组成，包含了四个维度，分别是观点采择、同情关心、自我想象和个体忧伤。由于该量表是在西方情境下开发而成，对中国情境的适用性受到质疑。中国台湾学者詹志禹（1987）对其进行修订，开发了适合中国人使用的移情量表，结果表明具有较好的信度。

Jolliffe & Farrington（2006）基于四种人类基本情绪——恐惧、悲伤、愤怒、幸福，以青少年对象，通过题项收集和因子分析等方法编制了一份基本移情量表（basic empathy scale）。基本移情量表由20个题项组成，该量表主要测试了受试者的认知性移情和情感性移情，主要适用于青少年。

Lawrence & Baker 等（2004）开发了移情指数量表，该量表包括情感反应、认知移情和社会技能三个维度，能够较好地测量成人的移情能力。

除了国外学者编制的移情量表之外，国内学者也自编了移情量表。周念丽（2001）和洪丽（2005）编制了适用于中小学生的移情量表。

从移情测量量表的研究来看，移情的测量工具比较丰富，但是，测量的对象都是以中小学生、大学生为主，很少有针对企业员工的移情测量量表。虽然 Davis（1983）的移情量表在国内使用比较广泛，也表明了具有较好的信度和效度，但是否能适用于本研究还有待验证。

2.6　本章小结

本章对研究中涉及的理论和概念进行了综述，这是本书研究的基础。文献综述对研究的开展具有重要意义，通过对相关研究文献的梳理和理论的分析，将为研究的开展提供良好的基础。本章先对相关概念进行了回顾，通过回顾，能够让研究者掌握本领域的国内外研究现状，更加准确地把握概念的内涵及其作用机理，掌握相关变量的测量方法，为后续研究的开展奠定了基础。相关研究回顾之后，本章对相关理论进行了梳理和研究。通过对理论的梳理和研究，让研究者熟悉理论的应用条件和作用发生机制，为合理构建本书研究的逻辑关系、确定变量间的作用机理提供了基础。严谨的理论推导和坚实的理论基础是构建合理模型的基础。通过本章的研究，为本书研究后续工作的开展奠定了坚实的基础。

第 3 章

组织不道德行为量表开发

如前所述，本书中涉及的组织不道德行为缺乏适合中国情境的测量工具，因此，先依据量表开发的一般程序来开发组织不道德行为测量工具，为后续研究奠定基础。

3.1 构念提出与辨析

学术界对组织不道德行为的研究和关注较早，西方学者在 20 世纪 60 年代就开始了对此问题的研究，但是，由于社会价值规范和伦理文化的差异，学术界对其内涵和测量至今未能达成统一、公认的标准。关于组织不道德行为，其定义和内涵存在较多的分歧，常常使用不同的名称来表示组织不道德行为，如 organizational misconduct, organizational misbehavioral, organizational wrongdoing, unethical behavioral。在具体行为、内容上各研究者也采用了不同的界定方式（J. S. Armstrong, 1977; M. S. Baucus & J. P. Near, 1991; C. R. Carter, 2000; Y. Luo, 2005; J. Neill, O. Scott Stovall & D. Jinkerson, 2005; B. Schyns & J. Schilling, 2013）。

通过对以往研究的梳理发现，已有研究中对组织不道德行为的界定往往与一定的标准、规范有关。有学者认为违背神的旨意的行为是不道德行为（A. E. Tenbrunsel & K. Smith Crowe，2008）；有学者认为违反社会道德规范、伦理的行为是不道德行为（M. Shadnam & T. B. Lawrence，2011）；有学者认为违反法律法规、组织制度规则的行为时不道德行为（D. Palmer，2012）。具体行为中既包含了组织实施的不道德行为，也包含了组织内个体（董事、管理层和员工）实施的不道德行为。本书基于对相关文献的梳理，定义组织的不道德行为是：由组织实施的违反法律法规、社会道德和伦理规范的行为。由于社会道德规范、伦理规范和法律法规在不同的地区、国家有着较大的差异，因此，开发适合中国情境的组织不道德行为量表是必要的，这将为促进对组织不道德行为的本土化研究提供有益的参考。

与本书中所定义的组织不道德行为相近的概念有企业社会责任（corporation social responsibility）和企业社会责任缺失（corporation social irresponsibility）。企业社会责任经过多年的发展，对其的相关研究已经比较深入，但是，对企业社会责任的定义却难以达成统一的认识。Lin-Hi & Müller（2013）认为，企业社会责任的核心应该是"做好事"和"不做坏事"两个方面。企业不做坏事是企业对社会负责任的底线，但是更重要的是强调企业应该做好事，应该符合社会规范和发展的要求。而企业社会责任缺失这一概念是伴随着企业社会责任这一概念的发展逐渐提出的，学术界逐渐认识到企业社会责任有时是与企业社会不负责任同时存在的，企业会表现出伪善行为。比如中国海洋石油公司因为在社会责任领域的贡献而多次获得"社会责任奖"，但是依然发生了渤海湾漏油事故，以"公平贸易"著称的连锁咖啡巨头星巴克提倡公平贸易，但是面对埃塞俄比亚农民要给自己生产的咖啡豆注册商标时，却想出各种办法进行阻止，目的只是为了压低原材料收购价格。在现实中，存在的诸多企业伪善行为引起了学术界的关注（D. Skarmeas & C. N. Leonidou，

2013；T. Wagner，R. J. Lutz & B. A. Weitz，2009；樊帅、田志龙、林静等，2014）。研究者们认为企业社会责任运动并没有消除组织的不道德行为，对企业社会责任缺失应当给予更多的重视和研究。Armstrong（1977）认为企业社会责任缺失相对企业社会责任更值得研究，企业社会责任缺失带来的问题远远超过了企业社会责任带给社会的福利，而且社会责任的内涵、范围很难界定清楚，但是对企业社会责任缺失进行界定却相对简单，认为企业社会责任缺失是指企业为了追求自身利益而采取的损害社会总体利益、不履行自身社会责任的行为。企业社会责任缺失被定义为不履行自身责任和一切非法活动，包括那些利用外部负效应获利而导致整体系统不可持续的企业活动（T. S. Clark & K. N. Grantham，2012）。Lange & Washburn（2012）认为，企业社会责任缺失就是企业社会责任的对立面，企业社会责任是那些能为社会带来福利的企业行为，而企业社会责任缺失则是那些会给社会带来损失或危害的行为，强调了社会责任缺失是企业不履行社会责任，给社会带来危害的行为。

　　本书中提出的组织不道德行为与上述两个概念不同。首先，组织不道德行为不仅仅局限于对社会造成不良后果的行为，同时还包括了对其他组织、个体如合作伙伴、消费者和员工的不道德行为，其指向范围更为广泛；其次，组织不道德强调了行为的不道德，突出了组织做坏事的方面，而企业社会责任的核心是强调企业"做好事"和"不做坏事"。企业社会责任缺失与组织不道德行为具有较为密切的关系，两者都包含了做坏事的一面，但是，企业社会责任缺失还包含了企业"未履行社会责任"的含义。在企业社会责任缺失的研究中，企业未履行社会责任也属于企业社会责任缺失的表现，比如企业未能帮助弱势群体、未能积极参与社会赈灾等都属于企业社会责任缺失的表现。但是这类未履行社会责任的行为并不等同于企业的不道德的行为，比如没有积极的救助贫困群体、捐助救灾是企业社会责任缺失的表现，但并不是不道德行为。组

织不道德行为内涵更加明确，就是指组织为自己的利益而采取的
违反了社会规范的行为，其包含范围小于企业社会责任缺失，指
向更加明确。

3.2　原始条目生成

本书在组织不道德行为问卷原始条目的过程中生成，采用文献
分析法，对以往研究者测量组织不道德行为的条目进行收集，获取
需要的题目，然后在通过深度访谈获取更多的组织不道德行为
条目。

3.2.1　文献收集

由于组织不道德行为包含多种表现形式，研究者们对这类行为
也有不同的关注点，出于各自研究的需要，研究者都开发（采用）
了不同的测量量表。Giacalone & Greenberg（1997）关注组织的反
社会行为（antisocial behavior），Kaptein（2008）关注了工作场所
的不道德行为（unethical behavior in the workplace）。企业社会责任
缺失（CSIR）的相关研究包含了一些组织不道德行为的测量，对
此本研究也收集了相关文献（J. S. Armstrong & K. C. Green，2013；
T. S. Clark & K. N. Grantham，2012；D. Lange & N. T. Washburn，
2012；L. Leonidou，O. Kvasova，C. Leonidou & S. Chari，2013），利
用这些文献中的条目作为开发组织不道德行为量表的基础。

通过对上述文献的分析和对相关研究量表的研究，收集到相关
量表 11 份，抛弃描述员工不道德行为的题目后保留了原始条目 34
条（见表 3.1）。

表 3.1　　　　　　　　　源自现有文献中的测量条目

作者	指向	维度/题项
Kaptein（2008）	客户	虚假销售和营销行为
		提供虚假发票
		采用不当手段营销
		虚构、捏造产品质量检验报告或数据
		强迫交易、霸王条款
		违反与客户的合同
Leonidou et al.（2013）		在销售时违反法律和公司的规定
		为客户服务时不诚实、不礼貌、欺骗、侵犯
		违反与客户之间的协议和义务
Romàn & Ruiz（2005）		销售中向客户说谎
		销售中提供自己不知道的信息
		明知道产品不适合客户也极力推销
Kaptein（2008）	供应商	不执行制定的供应商选择规则
		接受或从供应商索要礼品
		不给供应商准确的发票或记录
		与供应商的合同存在不平等条约
		反对供应商知识产权的保护
		违反与供应商的合同或付款规定
		与名声不佳的供应商做生意
Kaptein（2008）	社会	置公众于风险之中
		向公众和媒体提出错误或误导诉求
		向国内或国外官方提供不当捐助
		与受到制裁或洗钱活动的公司开展业务
		违反国际公约或人权
		违反环境标准或规则
Leonidou et al.（2013）		在生产过程中破坏环境
		不承担对社会的责任
Kaptein（2008）	员工	对员工采取歧视性政策
		创造敌意的工作环境
		违反工作场所的健康和安全规则
		违反员工工资、加班和福利的规定
		侵犯员工隐私
Leonidou et al.（2013）		工作条件差
Leonidou et al.（2013）	竞争者	采用行贿、工业间谍的方式经营

3.2.2　深度访谈

本书研究中同时采用深度访谈的方法来收集原始条目，深度访谈法是一种对概念内涵的获取非常有帮助的方法，利用这一方法不仅能够有效弥补文献分析的不足，而且还能为研究者收集到关于组织不道德行为的本土化原始条目。

3.2.2.1　访谈目的与对象

本书研究中采取配对方式收集数据，研究中需要员工对组织不道德行为进行评价。因而进行开放式访谈的目的是从员工的视角来了解组织的不道德行为有哪些外在的表现。考虑到不同年龄、受教育特征可能对组织不道德行为的认识和理解存在差异，因此，在选择访谈对象时依据年龄、受教育情况进行选取。访谈对象总计 30 人，访谈对象全部由熟人介绍。年龄在 30 岁以下者 10 人，31 ~ 45 岁 10 人，46 岁以上 10 人；学历在高中及以下 10 人，本科学历 10 人，研究生学历 10 人。访谈开始先向访谈对象介绍本研究的目的，告知访谈对象访谈内容是保密的，只用于研究。

3.2.2.2　访谈流程

深度访谈是管理学研究中较为常用的方法，常常用于构念界定、量表开发。其实施过程也较为复杂，对访谈者的要求较高，需要访谈者具有较强的引导能力，能够将访谈话题控制在一定的范围内，在访谈开始前应当做好充分的准备，需要制定合理的访谈话题和提纲。首先，由研究者根据研究需要设计好访谈提纲，并进行提前的演练，以保证访谈中有一定的引导和控制能力。其次，依据访谈对象特点的不同，设计好交谈方式和提问方式。再次，选择好访谈时间和地点。本书研究中地点选在访谈对象工作附近的公园等免费的休闲场所，时间段都在人流量较少的时间。最后，做好访谈中意外事件的防控。访谈中征得访谈对象的同意进行了录音，访谈结束后进行了资料的分析和归纳整理。

3.2.2.3　访谈话题

本访谈属于开方式访谈，因此，在访谈中只是设立一个大的访谈主题，然后再通过提问获取需要的信息。具体操作中，研究者首先让访谈对象谈谈自己理解的一些典型的组织不道德行为表现，而后逐步进入提问环节，让访谈对象依据自己的理解回答下列问题：

（1）企业道德对企业重要吗？

（2）企业对环境的行为中有哪些不道德行为？

（3）企业对消费者的行为中有哪些不道德行为？

（4）企业对员工的行为中有哪些不道德行为？

（5）企业对社会公众的行为中有哪些不道德行为？

（6）企业对合作伙伴的行为中有哪些不道德的行为？

（7）企业对竞争者的行为中有哪些不道德行为？

研究者尽量创造宽松的环境，让受访者自由回答企业的不道德行为有哪些，并进行了完整的录音和详细的文字记录。每次访谈时间控制在 20 分钟内，访谈结束后向每个访谈对象赠送价值 20 元左右的小礼品一份。

3.2.2.4　访谈资料的整理与分析

深度访谈结束以后，需要及时对访谈中收集到的资料进行整理。对访谈资料的整理包含了归纳和分析等相互贯穿的过程，这些活动并不能完全分离。在资料的整理和归纳过程中，必然伴随着一定的分析过程，需要研究者对获得资料的合理性、准确性进行初步的预判。

对资料及时进行整理能够让访谈者对整个访谈活动进行总结，

能让研究者大致了解访谈中解决的问题和不足，为研究者下一步的问卷设计和资料收集提供基础和依据。本书中对访谈资料的整理、归纳和分析主要是按照以下步骤进行：首先是对获得的访谈记录和录音进行全面的整理和查对，在此基础上整理出完整的访谈内容；其次是对访谈中获得资料进行编码；最后是对不同类型的资料进行分类，把不同资料所反映出的问题进行区别。在研究者初步整理完访谈记录后，研究者先对访谈记录进行了筛选，并对访谈记录中获取的组织不道德行为资料进行初步分析，判断是否存在未包含现有文献中的新增组织不道德行为表述。然后研究者与本领域的学者进行讨论，探讨在访谈中新增的不道德行为要素是否与本研究对组织不道德行为的原始定义相符，如果符合组织不道德行为的原始定义则予以保留，并改写为条目，否则就放弃。在研究助理的帮助下，经过仔细的甄别和讨论后最后形成了 50 条条目，与之前文献所得条目合并后共获得条目 84 条。依据理论分析和对访谈资料的初步整理分析，将组织的不道德行为依据不道德行为的指向对象进行划分，确定为六类，即客户指向、环境指向、社会公众指向、合作者指向、竞争者指向和员工指向不道德行为。具体见表 3.2。

表 3.2　　　　　　　　　深度访谈内容分析

子编码	频次	归类
提供虚假信息，欺骗性销售	8	
不提供发票或提供虚假发票	15	
销售时采取回扣、行贿等手段	17	
不当收集客户的隐私信息	5	
泄露客户的隐私信息	13	客户指向
虚构产品质量检验数据或报告	8	
霸王条款	5	
不遵守或不完全履行与客户的合同	3	
采用歧视性政策	4	

续表

子编码	频次	归类
无视客户的意见	2	客户指向
强迫交易	2	
逃避对客户的责任	3	
缺乏对客户的尊重	2	
不经处理随意排放污染物	8	环境指向
运营中资源消耗大	6	
不注重节能	11	
没有采取足够的环保措施	10	
公司没有明确的环保政策	3	
公司不重视环保	8	
公司产品、办公用品未使用可再生、可回收资源	7	
企业对合作者不够公平和尊重	8	合作者指向
企业用尽办法榨取合作者的利润	6	
企业常常把风险转嫁给合作方	8	
企业向合作者提供虚假信息	2	
企业常常不遵守合作伙伴间的协议	4	
公司默许收受索要合作伙伴的礼物	12	
窃取合作者的重要技术	6	
为赚取利润忽视了社会利益	12	社会指向
经营中占用大量社会资源	4	
常常向公众提供虚假信息	6	
向政府机构提供虚假信息	9	
不注重经营的安全性	12	
尽可能地向社会转嫁经营成本和风险	13	
常常操纵媒体	4	
偷漏税行为	3	

续表

子编码	频次	归类
诋毁竞争对手	19	竞争者指向
利用舆论导向打击竞争对手	7	
游说政府部门为自己的经营提供便利	6	
利用行政手段打击竞争对手	3	
窃取竞争者的商业机密	8	
未与员工签订劳动合同	15	员工指向
员工没有加班工资	23	
未给员工购买养老、医疗和失业等社会保险	18	
没有给员工提供必要的工作保护	12	
公司对员工存在歧视	23	
没有为员工提供足够的内部培训和在职教育	12	
员工遭受了管理者的侮辱	10	
员工管理中存在不公平和不透明	12	
拖欠员工工资	18	
员工在被辞退时未获得辞退补偿	7	

3.3　条目精简与内容效度评价

3.3.1　条目精简

条目精简的目的在于将已经获得的原始条目，根据相近关系合并，并对其中出现频率偏低、不适合大多数人的条目予以删除。邀请组织道德领域的研究者 3 名（2 名副教授，1 名博士生）对所获得的组织不道德行为原始条目进行同类合并。比如将"拖欠员工工资"，"员工没有加班工资"合并为"员工未享受合法的工资、加班和福利规定"。此外还删除了一些员工难以了解、无法回答的问题，比如"向国内或国外官方提供不当捐助"，"与受到制裁或洗钱活动的公司开展业务"。而"没有为员工提供足够的内部培训和在职教育"，3 名研究者中两人认为不应该属于组织的不道德行为，也予以了删除。经过条目精简后最终剩余原始条目 51 条。

3.3.2　内容效度评价

在内容效度的评价中，采用 Lawshe（1975）所提出的方法计算出内容效度比率。邀请了组织道德、企业社会责任相关领域 4 位专家进行内容效度的评分，并针对需要修改的条目提出修改的建议。对内容效度比过低的条目予以删除，被删除的条目有："不当收集客户隐私信息""无视客户的意见""逃避对客户的责任""缺乏对客户的尊重""违反与客户的合同""销售时违法公司和法律的规定""违反环境标准或规则""在生产过程中破坏环境""不给供应商准确的发票或记录""与名声不佳的供应商做生意""违反国际公约或人权""置公众于风险之中""向公众和媒体提出错误或误导诉求""利用舆论导向打击竞争对手""游说政府部门为自己的经营提供便利""在管理方面存在对员工的辱虐行为""创造敌意的工作环境""不注重经营的安全性""企业常常把风险转嫁给合作方"等。最后保留了 30 条条目。

在问卷发放之前，再次邀请 2 位实务界人士（一位为企业伦理顾问、另一位则为企业社会责任主管）检查这些条目的陈述是否贴近实践，对措辞不当、不好理解的条目进行了修改。在确定条目叙述的可读性与合适性后，形成预试问卷，问卷采用 Likert 7 点形式，1~7 分别代表完全不同意、很不同意、不同意、一般、同意、很同意和完全同意。具体条目见表 3.3。

表 3.3　　　　　　　　　　　组织不道德行为预试问卷

代码	问项	完全不同意←→完全同意						
CO1	提供虚假信息，欺骗性销售	1	2	3	4	5	6	7
CO2	泄露客户的隐私信息	1	2	3	4	5	6	7
CO3	霸王条款	1	2	3	4	5	6	7
CO4	不遵守或不完全履行与客户的合同	1	2	3	4	5	6	7
CO5	采用歧视性政策	1	2	3	4	5	6	7
EO1	不经处理随意排放污染物	1	2	3	4	5	6	7
EO2	运营中资源消耗大	1	2	3	4	5	6	7
EO3	不注重节能	1	2	3	4	5	6	7
EO4	没有采取任何的环保措施	1	2	3	4	5	6	7
PO1	企业对合作者不够公平和尊重	1	2	3	4	5	6	7
PO2	企业用尽办法榨取合作者的利润	1	2	3	4	5	6	7
PO3	企业向合作者提供虚假信息	1	2	3	4	5	6	7
PO4	企业常常不遵守合作伙伴间的协议	1	2	3	4	5	6	7
PO5	公司默许收受索要合作伙伴的礼物	1	2	3	4	5	6	7
PO6	窃取合作者的重要技术	1	2	3	4	5	6	7
SO1	为赚取利润忽视了社会利益	1	2	3	4	5	6	7
SO2	向政府机构、社会公众提供虚假信息	1	2	3	4	5	6	7
SO3	尽可能地向社会转嫁经营成本和风险	1	2	3	4	5	6	7
SO4	常常误导、操纵媒体、公众	1	2	3	4	5	6	7
SO5	偷漏税行为	1	2	3	4	5	6	7
RO1	暗中诋毁竞争对手	1	2	3	4	5	6	7
RO2	利用行政手段打击竞争对手	1	2	3	4	5	6	7
RO3	窃取竞争者的商业机密	1	2	3	4	5	6	7
RO4	采用行贿的方式进行竞争	1	2	3	4	5	6	7
WO1	未与员工签订劳动合同	1	2	3	4	5	6	7
WO2	未给员工购买养老、医疗和失业等社会保险	1	2	3	4	5	6	7
WO3	公司对员工存在歧视	1	2	3	4	5	6	7
WO4	员工管理中存在不公平与不透明	1	2	3	4	5	6	7
WO5	员工未享受合法的工资、加班和福利规定	1	2	3	4	5	6	7
WO6	员工在被辞退时没有得到辞退补偿	1	2	3	4	5	6	7

3.4　探索性因子分析

3.4.1　样本描述

本书中选用便利抽样法在某大型制造企业发放问卷 200 份，回收有效问卷 137 份，回收率 68.5%。

从样本构成来看，男性 91 人，占比 66.4%；女性 46 人，占比 33.6%，男性样本多于女性样本。从年龄构成来看，20～30 岁 48 人，占比 35%；31～40 岁 40 人，占比 29.2%；41～50 岁 31 人，占比 22.6%；51 岁及以上 18 人，占比 13.1%。从学历分布来看，高中及以下 8 人，占比 5.8%；大专及高职 43 人，占比 31.4%；本科 61 人，占比 44.5%；研究生学历 25 人，占比 18.2%。从婚姻情况来看，已婚 92 人，占比 67.2%，未婚 45 人，占比 32.8%。工作年限 1～4 年者 42 人，占比 30.7%；5～10 年者 51 人，占比 37.2%；10～15 年者 31 人，占比 22.6%，15 年以上者 13 人，占比 9.5%。见表 3.4。

表 3.4　　　　　探索性因子分析样本描述（n=137）

变量	变量特征	变量值	占比（%）
性别	男	91	66.4
	女	46	33.6
年龄	20～30 岁	48	35.0
	31～40 岁	40	29.2
	41～50 岁	31	22.6
	51 岁及以上	18	13.1
婚姻	已婚	92	67.2
	未婚	45	32.8

续表

变量	变量特征	变量值	占比（%）
学历	高中及以下	8	5.8
	大专、高职	43	31.5
	本科	61	44.5
	研究生	25	18.2
工作年限	1～4 年	42	30.7
	5～10 年	51	37.2
	10～15 年	31	22.6
	15 年以上	13	9.5

3.4.2　题项净化

3.4.2.1　项目分析

项目分析又称项目区分度（itme discriminatino）分析，用于检验题目的区分度，目的是通过对项目区分度的分析，对项目是否具有鉴别力进行检验，如果题目的区分度较低则应当予以删除。本研究中题目区分度的计算，采用极端分组法中的临界比率值（critical ration，CR）计算，CR 值越高，说明项目的区分能力越强。首先将所有有效问卷的得分进行加总并排序，根据得分高低抽取前后 27%的样本分为两组。前 27%的样本为高分组，后 27%的样本为低分组。计算两组每个题目的临界比率值和差异显著性。计算结果显示有两个题目（EO4，RO2）的临界比率值小于 3.0 且不能在 α = 0.05 水平上差异显著，因此被删除。题项 EO4 是"没有采取任何环保措施"可能是由于该题项含义过于广泛，而被试者对环保措施理解的不同导致了区分度比较低，题项 RO2"利用行政手段打击竞争对手"，可能是由于被试者对行政手段的认识模糊导致了区分度比较低。

3.4.2.2　CITC 分析

为了保证探索性因子分析的有效性，接下来利用 CITC 分析，剔除不符合要求的题项。剔除的标准是，如果 CITC 系数低于 0.50，一般就应该删除这个题项。在剔除的前后都要计算 Cronbach α 系数，以评价剔除某题项之后，一致性是否有显著提升。同时还应该剔除在理论预设因子上负载不高，或者出现交叉负载的题项，原则上应予以删除，以确保探索性因子分析的有效性。利用 SPSS20.0 对六个维度的 Cronbach α 系数和各个题目的 CITC 值进行计算，计算结果如表 3.5 所示。

表 3.5　　　　　　　各题项 CITC 与维度信度分析

维度	题项	CITC	题项删除后 α	Cronbach α
客户指向	CO1	0.635	0.788	0.837
	CO2	0.595	0.812	
	CO3	0.704	0.832	
	CO4	0.661	0.779	
	CO5	0.736	0.767	
环境指向	EO1	0.779	0.822	0.846
	EO2	0.765	0.731	
	EO3	0.732	0.786	
合作者指向	PO1	0.611	0.701	0.732
	PO2	0.423	0.752	
	PO3	0.738	0.720	
	PO4	0.716	0.719	
	PO5	0.642	0.687	
	PO6	0.576	0.706	

续表

维度	题项	CITC	题项删除后 α	Cronbach α
社会指向	SO1	0.687	0.733	0.761
	SO2	0.782	0.742	
	SO3	0.735	0.760	
	SO4	0.387	0.781	
	SO5	0.476	0.802	
竞争者指向	RO1	0.647	0.721	0.732
	RO3	0.721	0.696	
	RO4	0.738	0.711	
员工指向	WO1	0.712	0.821	0.829
	WO2	0.806	0.793	
	WO3	0.722	0.765	
	WO4	0.821	0.732	
	WO5	0.715	0.820	
	WO6	0.439	0.833	

从计算结果可以看出，组织不道德行为六个维度的 Cronbach α 系数都大于 0.70，这说明六个维度的量表结构具有很好的可信度。其中，大部分题项的 CITC 值都大于 0.50，只有合作伙伴指向的一个题项（PO2），社会指向的两个题项（SO4，SO5），员工指向的一个题目（WO6）的 CITC 值低于 0.50，而且如果删除这些题项后，对应维度的 Cronbach α 都会上升。因此，决定删除这四个题项。

通过与预试问卷对照，删除的题项分别是"企业用尽办法榨取合作者的利润"（PO2），"常常误导、操纵媒体、公众"（SO4），

"偷漏税行为"（SO5），"员工在被辞退时没有得到辞退补偿"
（WO6）。对于题项"企业用尽办法榨取合作者的利润"，研究者分
析后认为，对于大多数被试来说可能对此问题没有清楚的认识，可
能认为从合作者处榨取利润并非不道德行为，从而导致了 CITC 得
分较低。对于题项"常常误导、操纵媒体、公众"，对被试而言可
能不易理解其内涵，不能很好地回答该问题。对于题项"偷漏税行
为"，大部分被试不是很清楚企业是否有这些行为，因而无法回答。
对于题项"员工在被辞退时没有得到辞退补偿"，对被试而言对此
类事件的经历较少，因而不能准确回答。

3.4.3   因子分析

在进行因子分析之前，先进行了 KMO 的取样适当性检验和
Bartlett 球形检验，结果表明可以进行因子分析（H. F. Kaiser，
1974）。本书中使用 SPSS 20.0 进行探索性因素分析。参考学者
Hair，Anderson，Tatham & Black（1998）的建议，使用主轴因子法
结合斜交转轴进行因素萃取。分析结果显示，题项 PO5 和 WO4 的
因子载荷低于 0.5，根据学者（G. A. Churchill，1979）的建议决定
删除这两道题项。最终提取出特征根大于 1 的因素有六个，这与之
前的理论假设是相吻合的。累计方差贡献率 76.46，载荷均高于
0.5 的最低标准，且未出现交叉载荷的现象。

依据之前的理论分析分别为这六个因子命名为：客户指向不道
德行为、环境指向不道德行为、社会指向不道德行为、合作者指向
不道德行为、竞争者指向不道德行为和员工指向不道德行为（见表
3.6）。

表 3.6　　　　　　　　探索性因子分析结果

维度	题项	因子					
		1	2	3	4	5	6
客户指向	CO1	0.632					
	CO2	0.715					
	CO3	0.806					
	CO4	0.632					
	CO5	0.577					
环境指向	EO1		0.765				
	EO2		0.741				
	EO3		0.665				
合作者指向	PO1			0.742			
	PO3			0.713			
	PO4			0.625			
	PO6			0.802			
社会指向	SO1				0.658		
	SO2				0.588		
	SO3				0.723		
竞争者指向	RO1					0.726	
	RO3					0.831	
	RO4					0.726	
员工指向	WO1						0.823
	WO2						0.841
	WO3						0.762
	WO5						0.837
特征值		1.65	2.38	2.14	1.38	1.79	2.82
累计解释（%）		32.21	53.66	69.31	72.62	74.18	76.46

3.5　验证性因子分析

3.5.1　样本描述分析

本书中选用便利抽样法在某大型重型装备制造企业发放问卷 200 份，回收有效问卷 126 份，回收率 63%。

从样本构成来看，男性 88 人，占比 69.8%；女性 38 人，占比 30.2%，男性样本多于女性样本。从年龄构成来看，20～30 岁 47 人，占比 37.3%；31～40 岁 35 人，占比 27.8%；41～50 岁 28 人，占比 22.2%；51 岁及以上 16 人，占比 12.7%。从学历分布来看，高中及以下 9 人，占比 7.2%；大专及高职 42 人，占比 33.3%；本科 59 人，占比 46.8%；研究生学历 16 人，占比 12.7%。从婚姻情况来看，已婚 78 人，占比 61.9%，未婚 48 人，占比 38.1%。工作年限 1～4 年者 25 人，占比 19.8%；5～10 年者 57 人，占比 45.3%；10～15 年者 29 人，占比 23%，15 年以上者 15 人，占比 11.9%。见表 3.7。

表 3.7　　　　　验证性因子分析样本描述（n = 126）

变量	变量特征	变量值	占比（%）
性别	男	88	69.8
	女	38	30.2
年龄	20～30 岁	47	37.3
	31～40 岁	35	27.8
	41～50 岁	28	22.2
	51 岁及以上	16	12.7
婚姻	已婚	78	61.9
	未婚	48	38.1

变量	变量特征	变量值	占比（%）
学历	高中及以下	9	7.1
	大专、高职	42	33.3
	本科	59	46.8
	研究生	16	12.7
工作年限	1~4 年	35	19.8
	5~10 年	57	45.3
	10~15 年	29	23.0
	15 年以上	15	11.9

3.5.2　模型拟合检验

在验证性因子分析中，验证量表维度划分是否合理的常用方法之一是利用结构方程进行模型拟合度检验。这是结构方程主要应用之一，并且学者们为此发展出了一系列的相应指标来验证模型的拟合度（温忠麟、侯杰泰、马什赫伯特，2004）。通过对预设模型拟合度的检验，能够很好地验证研究者预设模型的合理性。

在进行模型拟合度检验时可以选择多个指标来验证拟合度，可以分为三类，绝对拟合指标、增值拟合指标和精简拟合指标。常用的有卡方值、自由度、平方平均残差的平方根（RMR）、本特勒—波内特规范拟合指数（NFI）、近似误差平方根（RMSEA）以及比较拟合度指标（CFI）等。关于模型匹配度的判断指标，不同的学者有不同的建议，但被研究者普遍接受和使用的指标主要有三类指标：模型的基本匹配度指标、整体模型的匹配度指标和模型的内在结构匹配度指标（R. P. Bagozzi & Y. Yi, 1988）。

本研究首先依据理论支持，构建了一个组织不道德行为模型，并根据探索性因子分析，将本研究提出的组织不道德行为模型划分为六个维度，然后使用验证性因子分析方法对提出的构想模型进行拟合度检验。在具体的操作中，首先分别构建不同维度的模型，然后比较不同维度模型的拟合度。如果六维度模型的拟合度高于其他维度的模型拟合度，则说明本研究探索性因子分析中把组织不道德行为划分为六个维度是正确的，同时也说明理论预设是合理的。在判断拟合度的具体指标上由于 χ^2 值容易受到样本数大小影响，因而本书中采用了卡方、自由度及其比这三个指标。同时还采用 RM-SEA、CFI、NFI 指标来判定其匹配度。采用模型比较的方法来检验所建立的六维度模型拟合度，构建了六个模型，分别是单一维度模型，即将所有的题项放置在同一维度下；二维度模型，即任意选取五个维度合并，与另一个维度构成二维度模型；三维度模型，即任意选取四个维度合并，与另外两个维度构成三维度模型；四维度模型，即任意选取三个维度合并，与另外三个维度构成四维度模型；五维度模型，任意选取两个维度合并，与另外四个维度构成五维度模型，六维度模型即为本研究构建的理论模型，不进行维度合并。接下来采用 AMOS20.0 作为工具进行验证性因子分析，计算结果如表3.8所示。理论上来讲，二维度、三维度、四维度和五维度模型的组合有多种形式，但是计算出的拟合结果都未优于六维度模型，因此为了节省篇幅只对其中一组最优拟合指标进行列示，其余组合的拟合指标没有一一列出。

表 3.8   模型比较分析结果

模型	χ^2	df	χ^2/df	RMSEA	NFI	CFI	$\Delta\chi^2$（Δdf）
一维度模型	3835.15	209	18.35	0.38	0.34	0.33	3229.27（15）
二维度模型	2966.08	208	14.26	0.32	0.37	0.42	2306.80（14）
三维度模型	2132.10	206	10.35	0.29	0.54	0.49	1526.82（12）
四维度模型	1524.53	203	7.51	0.23	0.66	0.65	919.25（9）
五维度模型	1142.60	199	5.74	0.11	0.88	0.87	537.32（5）
六维度模型	605.28	194	3.12	0.07	0.91	0.92	—

注：* $p < 0.05$，$\Delta\chi^2$（Δdf）是与六维度模型比较的结果。

从模型拟合的结果来看，六维度模型具有较好的拟合效果，卡方/自由度比为 3. 12，近似误差平方根（RMSEA）为 0. 07，本特勒—波内特规范拟合指数（NFI）为 0. 91，比较拟合度指标（CFI）0. 92。拟合指标都符合要求，而且与其他竞争模型比较差异显著，因此可以确定六维度模型是合理的结构，即将本书研究中组织不道德行为划分为六个维度是合理的。

3.5.3　信度分析

一个测验除了要在内容结构上符合概念定义外，还必须能够稳定地、精确地测量我们感兴趣的概念，一般在测量中用信度来评价测验结果的一致性、稳定性及可靠性（梁建、樊景立、陈晓萍、徐淑英，2008）。本书中以 Cronbach α 值大于 0. 70 作为评估量表具有信度的标准（Churchill，1979）。此外，考虑到 Cronbach α 值的不足，本书中还计算了组合信度。检验结果见表 3. 9。

表 3. 9　　　　　　　　　信度分析

维度	题项	标准化载荷	组合信度	Cronbach α
客户指向	CO1	0. 77	0. 87	0. 84
	CO2	0. 71		
	CO3	0. 81		
	CO4	0. 73		
	CO5	0. 76		
环境指向	EO1	0. 82	0. 89	0. 86
	EO2	0. 91		
	EO3	0. 83		
合作者指向	PO1	0. 72	0. 85	0. 77
	PO3	0. 78		
	PO4	0. 81		
	PO6	0. 74		

续表

维度	题项	标准化载荷	组合信度	Cronbach α
社会指向	SO1	0.81		
	SO2	0.82	0.88	0.78
	SO3	0.88		
竞争者指向	RO1	0.76		
	RO3	0.79	0.83	0.77
	RO4	0.82		
员工指向	WO1	0.83		
	WO2	0.89	0.89	0.88
	WO3	0.76		
	WO5	0.77		

计算结果显示，每个维度的 Cronbach α 系数都大于 0.70，都超过了可接受的水平（Churchill，1979）。此外，组合信度都大于可接受的 0.70（D. Barclay，C. Higgins & R. Thompson，1995；J. F. Hair，W. C. Black & R. E. Anderson et al.，2006），表明本书研究中开发的量表具有较好的信度。

3.5.4 收敛效度分析

在量表的收敛效度评价中，通常采用两个指标来进行评价：题项的标准化载荷系数、平均方差提取量（AVE）。本书中按照 Anderson & Gerbing（1988）的做法，使用验证性因子分析（CFA）的方法对开发的组织不道德行为量表收敛效度进行检验，分析结果见表 3.10。

表 3.10　　　　　　　　　　收敛效度检验

维度	题项	标准化载荷	T 值	AVE
客户指向	CO1	0.77	7.38	
	CO2	0.71	9.56	
	CO3	0.81	8.67	0.57
	CO4	0.73	11.23	
	CO5	0.76	5.38	
环境指向	EO1	0.82	12.36	
	EO2	0.91	7.65	0.73
	EO3	0.83	8.22	
合作者指向	PO1	0.72	6.78	
	PO3	0.78	11.43	
	PO4	0.81	16.35	0.58
	PO6	0.74	10.37	
社会指向	SO1	0.81	13.65	
	SO2	0.82	17.81	0.70
	SO3	0.88	14.29	
竞争者指向	RO1	0.76	13.57	
	RO3	0.79	17.25	0.62
	RO4	0.82	16.38	
员工指向	WO1	0.83	8.69	
	WO2	0.89	7.56	
	WO3	0.76	9.36	0.66
	WO5	0.77	16.28	

如表 3.10 所示，本书研究中开发的组织不道德行为量表的每个观测题项在其相对应的潜变量上的标准化负荷系数在 0.71 ~

0.91，都明显高于研究者们所遵循和建议的最低临界值 0.70（D. Barclay，C. Higgins & R. Thompson，1995；J. F. Hair，W. C. Black，R. E. Anderson & R. L. Tatham，2006）。同时，本书中还考察了每个维度的平均方差提取量（AVE 值），如表 3.10 所示，组织不道德行为量表的六个维度潜变量的 AVE 值介于 0.57～0.73，满足高于 0.50 的最低标准要求（C. Fornell & D. F. Larcker，1981a）。因而可以确定，所开发的组织不道德行为量表具有良好的收敛效度。

3.5.5　区分效度分析

在区分效度的检验上，采用了两种方法。首先，采用学者建议的区别效度检验方法（S. L. Ahire，D. Y. Golhar & M. A. Waller，1996），运用验证性因子分析对六个维度进行嵌套模型配对比较检验。其次，在配对模型中构建限制模型和非限制模型，计算限制模型的卡方值与非限制模型的卡方值两者之差。如果非限制模型的拟合度优于限制模型的拟合度，则表示这些特质的相关性越低，其区别效度就越高。所谓限制模型就是限制两个潜在变量之间的相关系数为 1.0，非限制模型就是在模型设定时，不对两个潜变量的相关系数进行任何限制，即相关系数为自由参数。利用 Amos 20.0 计算其模型拟合卡方值。检验结果如表 3.11 所示。

表 3.11　　　　　　　　　　　嵌套模型比较结果

配对模式	非限制模型		限制模型		$\Delta\chi^2$
	χ^2	Df	χ^2	Df	
CO 对 EO	72.68	19	287.89	20	215.21
CO 对 PO	110.35	26	547.74	27	437.39
CO 对 SO	64.71	19	187.66	20	122.95
CO 对 RO	81.26	19	327.31	20	246.05

续表

配对模式	非限制模型		限制模型		$\Delta\chi^2$
	χ^2	Df	χ^2	Df	
CO 对 WO	125.83	26	651.24	27	525.41
EO 对 PO	78.29	13	458.39	14	380.10
EO 对 SO	32.65	8	164.62	9	131.97
EO 对 RO	42.32	8	143.27	9	100.95
EO 对 WO	88.61	13	286.16	14	197.55
PO 对 SO	72.94	13	324.89	14	251.95
PO 对 RO	82.37	13	223.52	14	141.15
PO 对 WO	145.62	19	1562.31	20	1416.69
SO 对 RO	52.31	8	133.26	9	80.95
SO 对 WO	43.21	13	143.22	14	100.01
RO 对 WO	68.38	13	196.21	14	132.83

另外，区别效度还可以采用由 Fornell & Larcker（1981a）所推荐的方法进行检验，如果平均方差提取量（AVE）的值大于两个维度间相关系数的平方（或者 AVE 值的平方根大于两个维度之间的相关系数），则表示这两个维度间具有区别效度。我们把组织不道德行为量表中每个维度的 AVE 值的平方根，以及这一维度与其他维度间的相关系数汇总，可得到如表 3.12 所示的结果，其中对角线上的数字为每一维度 AVE 值的平方根。

表 3.12　　　　　　　　AVE 与相关系数关系

潜变量	1	2	3	4	5	6
CO	0.75					
EO	0.43	0.85				
PO	0.39	0.41	0.76			

续表

潜变量	1	2	3	4	5	6
SO	0.42	0.44	0.33	0.84		
RO	0.32	0.49	0.32	0.43	0.79	
WO	0.38	0.33	0.31	0.44	0.37	0.81

注：对角线数字为各维度的 AVE 平方根。

　　从表 3.12 中可以看出，AVE 值的平方根大于两个维度之间的相关系数，因此，综合上述分析可以判定本量表各维度间具有良好的区别效度。

3.5.6　二阶因子提取

　　前述我们利用验证性因子分析对一阶 6 因子模型进行了检验，由于这六个维度都是测量组织不道德行为的一方面，维度间具有较高的相关关系（见表 3.12）。如果维度因子之间存在着较高的相关性，则可以考虑采用二阶验证性因子分析以提取更高阶的共同因子。本书中把组织不道德行为的六个维度作为第一阶因子，把组织不道德行为作为二阶共同因子，通过对数据的分析可以得到如表 3.13 和图 3.1 所示的结果。

表 3.13　　　　　　　　　　二阶因子提取结果

二阶因子	一阶因子	标准化路径系数	T 值	观测变量	标准化载荷
组织不道德行为	客户指向（CO）	0.88	15.73	CO1	0.78
				CO2	0.71
				CO3	0.81
				CO4	0.72
				CO5	0.76

续表

二阶因子	一阶因子	标准化路径系数	T 值	观测变量	标准化载荷
组织不道德行为	环境指向（EO）	0.83	14.66	EO1	0.82
				EO2	0.91
				EO3	0.83
	合作者指向（PO）	0.81	14.69	PO1	0.72
				PO3	0.77
				PO4	0.81
				PO6	0.74
	社会指向（SO）	0.88	17.25	SO1	0.81
				SO2	0.82
				SO3	0.89
	竞争者指向（RO）	0.86	15.61	RO1	0.78
				RO3	0.80
				RO4	0.82
	员工指向（WO）	0.91	18.32	WO1	0.83
				WO2	0.89
				WO3	0.76
				WO5	0.77

　　二阶因子模型的拟合指标为 $\chi^2 = 613.06$，$df = 203$，RMSEA = 0.07，NFI = 0.91，CFI = 0.941，拟合良好，而且各一阶因子到二阶因子的标准化路径系数都大于 0.7。由此可以确定，二阶因子模型是合理的，而且从模型的简约角度来说二阶因子模型优于一阶因子模型，在后续的研究中既可以采用二阶因子结构来测量整体组织不道德行为，也可以单独使用各维度来测量具体的不道德行为。

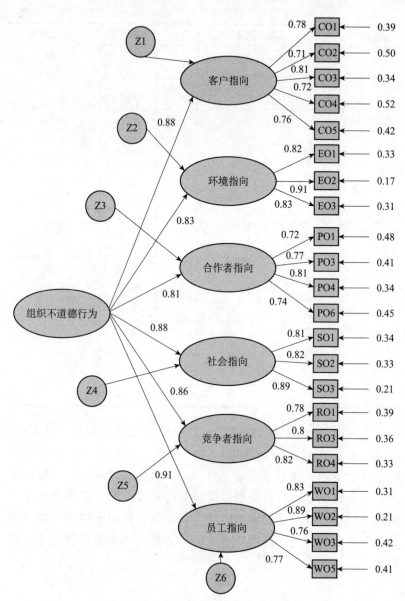

图 3.1　组织不道德行为二阶结构图

3.6　本章小结

　　本章是后续研究的基础，采用推荐的构建量表的常用方法，通过文献分析、深度访谈收集到组织不道德行为原始题项，然后经过条目精简、内容效度检验、探索性因子分析、验证性因子分析、信度和效度检验，开发出了一个包含 22 个观测值，六个一阶因子和一个二阶因子的量表。分析结果表明，依据理论划分的六维度结构被证实，并且量表通过了信度、收敛效度和区分效度的检验，符合量表的要求。研究者确信能够有效、正确的测量组织不道德行为这一构念，可以用于后续研究。

第 4 章

理论模型与研究假设

现有对组织不道德行为与员工行为关系的研究，主要采取了二元视角的研究，只关注了组织针对员工的不道德行为对员工的影响，却忽视了组织指向员工之外第三方的不道德行为对员工的影响。而随着研究的深入，一种以员工为旁观者的三元研究视角正在引起学术界的关注，学者们对员工作为旁观者，在观察到组织第三方指向不道德行为时的反应正在发生兴趣，但是相关研究还很有限，员工的反应机理和作用效果还不清楚。

4.1 理论模型

以 Folger（1998）的公正义务论（deontic justice theory）为理论基础的研究表明，当个体在观察到他人遭受不道德对待时，会出于维护公正义务而表现出惩罚施害者的行为（E. K. Kelloway, L. Francis & M. Prosser et al., 2010），恢复自己的公正感。大量的研究结果很好地支持了公正义务论，旁观者对施害者进行惩罚也得到了证实。然而，大量基于公正义务论的研究是在实验状态下进行的，这些研究一个暗含的前提是，旁观者与施害者、受害者之间没有任何的联系，也就是旁观者和施害者、受害者之间是平等的关系。后来有学者的研究表明，受害者与旁观者的亲密关系决定了旁观者会采取帮助受害者，而非惩罚施害者的行为（M. Priesemuth，2013）。虽然有学者的研究表明，员工旁观到组织第三方指向的不道德行为会引发员工积极抵抗行为、偏差行为、离职意愿，并且员工的道德认同起到了调节作用，高道德认同会表现出更多的离职意愿、积极抵抗行为和更低的偏差行为（R. L. Greenbaum，M. B. Mawritz & D. M. Mayer，2013），但是这一研究并没有解释员工为何会表现出积极抵抗行为和离职意愿的提升，在旁观者与施害者处于不平等地位关系时，旁观者的反应及其机理仍不清楚。上述两项研究结果表明，旁观者会表现出多种行为，并不是公正义务论所预测的只是惩罚行为。基于此，笔者认为，对公正义务论的适用范围和旁观者反应的机理有必要再进行深入研究，特别是应当加强旁观者与施害者处于不平等地位时，比如旁观者是员工、施害者是组织时，旁观者会有何种反应及其反应机理。这不仅在理论上会拓展公正义务论，而且对企业来说也具有很好的现实意义。因此，笔者希望通过研究达成以下目标：一是探讨在旁观者与施害者不平等地位下（比如员工作为旁观者、组织作为施害者），旁观者的表现行为；二是在旁观者与施害者不平等地位下员工行为反应的发生机理。

首先，公正义务论（Folger，2001）指出，个体在旁观到不道德行为时会出于维护公正、正义的目的而对不道德者处以惩罚。基于公正义务论（Folger，2001），员工对组织的不道德行为会产生反应，员工在旁观到组织指向第三方的不道德行为时，会激发员工的道义状态，员工为了维护公正会对组织的不道德行为表现出一定的反应。因此，研究者预测，在员工旁观到组织的不道德行为时，有可能会表现出积极行为的减少、不良行为的增加，以此来恢复自己的公正感。

其次，员工加入组织时，会面临社会基本困境，即员工不加入组织则不能实现自己的利益，而员工加入组织后又会担心组织对自己的剥削、欺骗和不公正。因而当员工加入组织后，员工会关心组织是否公正。公平启发式的研究表明，员工判断组织是否公正的信息有可能来源于自己的感受，也有可能来源于组织对他人行为的感受和体验。因此，当组织表现出对第三方的不道德行为时，员工会将自己观察到的不道德行为带入对组织是否公正的判断，形成对组织的整体公正感，而整体公正感将会指导员工对组织的态度和行为。

最后，个体的特征对员工反应行为具有调节作用。已有研究表明，当员工面对组织对他人的不道德行为时员工的个体特征，如道德自律（moral self-regulated）（D. E. Rupp & C. M. Bell，2010）、道德身份（mora identify）（R. L. Greenbaum，M. B. Mawritz & D. M. Mayer，2013）的调节而表现出不同的应对行为。而应用心理学中关于移情（empathy）的研究表明，移情会引发个体产生与他人相似的情绪反应，移情能够让个体对观察到的不道德行为产生如同身受的感觉。因而我们推测员工的移情能力将对组织第三方指向的不道德行为与员工反应间关系起到调节作用。

基于上述研究思路，我们形成了本书的基本研究内容，组织第三方指向不道德行为会通过两条路径对员工产生影响：一是基于公正义务论，组织第三方指向不道德行为直接对员工产生影响；二是出于公平启发的作用，组织第三方指向不道德行为通过整体公正感的中介，对员工产生影响。而且组织第三方指向不道德行为对员工的影响会受到员工移情能力的调节作用。于是，形成了本书研究的理论模型，如图 4.1 所示。

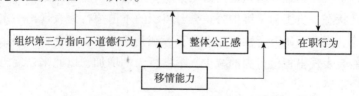

图 4.1　组织不道德行为对员工在职行为影响机理模型

4.2　研究假设

4.2.1　组织第三方指向不道德行为对员工在职行为的影响

个体关心他人遭遇的不公正是出于 Folger（2001）所称的公正义务，公正义务论源于康德学派的伦理思想，认为个体的认知加工和行为受"道德律令（categorical imperatives）"这一普遍的、与生俱来的、先天无私特性的驱动（Kant, 1999；Wood, 1999）。公正义务论认为个体对公正的关心是出于道义，公正的目的就是为了公正，这不同于以往对人们为何关心公正的研究。以往的研究认为人们关注公正是基于两个原因：一是把公正看做是一种交换的工具（J. S. Adams, 1965；1963；J. W. Thibaut & L. Walker, 1975）；二是把公正看做是一种关系（E. A. Lind, 1995；E. A. Lind & T. R. Tyler, 1992）。这两种原因都是出于保护自己利益的目的，个体关注公正仅仅是因为公正可以使得自己的利益得到保障和最大化。公正义务论认为，个体关心公正除了上述原因之外，还因为人们内在、固有的传统，即每个人都应当被以有伦理的方式公正对待（R. Folger & R. Cropanzano, 2002；R. Folger & D. P. Skarlicki, 2005）。Folger 等（2001）认为，旁观者之所以会去关心他人遭受公正与否，是因为个体内在的公正对待所有人的伦理诉求。他人遭受的不公会激发旁观者的道德不适感，因为当个体观察到其他人遭受不公正对待时，这与旁观者持有的、平等对待他人的内在伦理道德感相冲突，导致旁观者会产生道德不适感，从而会驱使个体做出行动反对施害者以减少自己的道德不适感。此外，当旁观者观察到他人遭遇的不公正时，会激发出个体的道义状态（deontic state），道义状态会促使旁观者作出维护公正、惩罚施害者，并要求施害者为自己的侵害行为承担责任，进而会采取惩罚施害者的行为来恢复公正。

Kahneman、Knetsch & Thaler（1986）和 Turillo、Folger、Lavelle、Umphress & Gee（2002）的资源分配研究表明，旁观者会对不公正的个体采取不予分配资源的惩罚，支持了"公正义务"会引发惩罚的观点。Greenberg & Bies（1991）的研究也同样证明了个体在观察到不公正时会对惩罚侵害方进行惩罚。Skarlicki & Kulik（2005）以消费者为旁观者，研究了消费者观察到员工遭受到组织内部主管、同事的辱虐时，消费者会通过减少购买公司产品表达不满和惩罚。个体公正义务的形成过程是一种心理动机认知，这种动机认知的心理处理过程会让个体在看到其他人被不公平的对待时，产生道德不适。换言之，就是个体在看到不公正事件时会激发出 Folger（2002）所提到的义务状态（deontic state），这会激发一种让违规者承担违反道德律令责任的愿望。公正义务论的一个关键论点就是义务状态能够被与受害者和施害者无关、没有任何联系的旁观者所感受到，这种义务状态会调整人际间的行为，进一步确认人际间的行为规范，而且这种义务状态会激发对不当行为的禁止动机。

Rupp（2003）进一步扩展了这些发现，并发现，对于高道德成熟度的个体而言，在看到不公正时，会表现出更强烈的义务效应。研究结果支持了 Folger（1998，2001）提出的公正义务论，证实了人们存在关注公平的伦理动机，维护公正就像是个体的义务。Aquino、Freeman & Reed 等（2009）探讨了道德认同对道义公正和员工行为关系的调节效应。结果表明，高道德认同者倾向于惩罚犯错方。总而言之，这些研究表明个体在观察到不公正时的反应，不仅仅源于有算计的工具模型和关系模型，也会被进化了的自动的义务效应激发而去惩罚犯错者（R. Cropanzano & D. E. Rupp，2002）。

　　基于公正义务论和上述研究，笔者预测，作为旁观者的员工，在观察到组织第三方指向的不道德行为，如对客户的辱虐行为，对合作者的欺骗、不尊重和恶意拖欠货款行为；对竞争者的诋毁、栽赃行为；破坏环境、缺乏环境责任行为时，会激发员工的"道义状态"，从而会产生对组织的不满和惩罚意愿，员工会表现出积极行为的减少和不良行为的增加。据此提出以下假设：

　　H1：组织第三方指向的不道德行为负向影响员工积极行为。

　　H1a：客户指向不道德行为对员工积极行为有负向影响。

　　H1b：合作者指向不道德行为对员工积极行为有负向影响。

　　H1c：环境指向不道德行为对员工积极行为有负向影响。

　　H1d：社会指向不道德行为对员工积极行为有负向影响。

　　H1e：竞争者指向不道德行为对员工积极行为有负向影响。

　　H1f：同事指向不道德行为对员工积极行为有负向影响。

　　H2：组织第三方指向的不道德行为正向影响员工不良行为。

　　H2a：客户指向不道德行为对员工不良行为有正向影响。

　　H2b：合作者指向不道德行为对员工不良行为有正向影响。

　　H2c：环境指向不道德行为对员工不良行为有正向影响。

　　H2d：社会指向不道德行为对员工不良行为有正向影响。

　　H2e：竞争者指向不道德行为对员工不良行为有正向影响。

　　H2f：同事指向不道德行为对员工不良行为有正向影响。

4.2.2　整体公正感的中介作用

4.2.2.1　组织第三方指向不道德行为与员工整体公正感

　　整体公正感是公正感研究的一个新趋势，相关研究表明，整体公正感对员工行为的预测作用强于具体公正感（Jones & Martens，2009）。员工加入组织后面临组织是否会公正对待自己的问题，因此员工对组织是否公正具有很高的关心度。

公平启发式理论（Lind，2001a）指出，在员工进行组织、管理者是否公正的判断时，由于员工往往很难获得做出组织是否公正判断所需的全部信息，因此，员工只是利用自己的感受或观察到的有限信息做出对组织整体公正的判断，因而员工对组织公正与否的判断是启发式的，员工整体公正感的形成是基于启发式快速形成的（Lind，2001a）。具体而言，整体公正感的形成有两条路径：一是基于自己的亲身经历，比如员工会根据组织对待自己的方式，产生具体的结果公正感、程序公正感和互动公正感，而后在启发式的作用下，产生对组织的整体公正感；二是通过观察组织如何对待同事、如何对待他人，判断组织是否违背了社会公正规范的要求，做出组织是否公正的具体判断，然后再通过这些具体的公正判断信息，启发式形成对组织的整体公正感，而且在组织整体公正感的形成中，不公正感的形成优于公正感的形成（E. A. Lind，2001a）。因此，个体往往是根据具体的公平行为或事件来形成对组织的整体公平感，并且依据整体公平感来做出自己的行为决策，而整体公正感的形成更依赖于个体观察所获得的信息，并非自己的亲身经历，因为对于个体而言，很难从自身经历的事件中做出公正与否的判断，因为自己很难得到需要的信息，比如你可能并不知道自己的报酬和别人报酬的差异。而对于个体而言，可能更容易从组织如何对待他人的具体行为中做出对组织整体公正的判断（L. J. Kray & E. Allan Lind，2002；E. A. Lind，2001a；2001b）。总体而言，基于公平启发式，个体会依据自身的感受或对他人遭遇的体会，形成对组织整体公正感的评价。当员工作为旁观者观察到组织第三方指向的不道德行为，如虐待同事、破坏环境、欺诈客户、背叛合作伙伴和违反社会规范等具体行为时，会依据这些具体的不公正行为产生组织不公正评价，进而启发式的形成组织整体不公正的评价。

H3：组织第三方指向的不道德行为负向影响员工整体公正感。

H3a：客户指向不道德行为对员工整体公正感有负向影响。

H3b：合作者指向不道德行为对员工整体公正感有负向影响。

H3c：社会指向不道德行为对员工整体公正感有负向影响。

H3d：环境指向不道德行为对员工整体公正感有负向影响。

H3e：竞争者指向不道德行为对员工整体公正感有负向影响。

H3f：同事指向不道德行为对员工整体公平感有负向影响。

4.2.2.2 整体公正感对员工在职行为的影响

员工整体公正感影响员工态度和行为的解释有两种主要观点：一种是以社会交换为基础的公正观；另一种是以情感为基础的公正观。以社会交换为基础的公正观，以社会交换理论（P. M. Blau, 1964）为指导解释公正影响员工态度、行为的机理。社会交换理论采用了多学科的范式描述了各种资源是如何依照一定的规则进行交换，以及这种交换如何在交换者之间形成高质量的关系（R. Cropanzano & M. S. Mitchell, 2005）。资源被看做是在人际环境中能够交易的一切事物，依据是否有形，分为物质交换和抽象交换，依据和资源提供者的相关关系分为特殊资源（particularistic resources）和普通资源（universal resources）（E. B. Foa & U. G. Foa, 1980）。交换规则被定义为交换参与者在竞争、互惠、利他活动中交换时应当遵守的规范（A. W. Gouldner, 1960）。关系被定义为参与交换双方的联系（Cropanzano & Mitchell, 2005），可以用多种方式来描述，比如双方的信任、相互支持感、义务感（Blau, 1964）。Organ & Konovsky（1989）在检验组织公民行为的前因变量时，把社会交换理论和公正结合起来，以社会交换和经济交换论点为自己研究假设的基础，为了反映出薪酬认知和公民行为的联系，作者假设公正会培育出员工对组织的信任感，减少他们从事额外工作时的焦虑。最后的研究结果支持了 Organ & Konovsky 的假设，并且明确提出公正能够培育社会交换关系，而这种社会交换关系包含了双方未明确的未来时间的义务和责任。Moorman（1991）同样在对公正和组织公民行为的实证研究中支持了这一论点，表明公正对待会让员工把自己的工作关系重新定义为社会交换关系，公民行为成为一种交换的资源。公正会传递信任，会让社会交换更易形成，进而促进组织公民行为（M. A. Konovsky & S. D. Pugh，1994）。这些把公正和社会交换整合在一起的早期研究形成了所谓的现代社会交换理论（contemporary social exchange theory）（R. Cropanzano & Z. S. Byrne，2000；R. Cropanzano & D. E. Rupp，2008）。不同于多学科范式的社会交换理论，现代社会交换理论主要吸收了 Blau（1964）和 Mills & Clark（1982）的相关论述，把社会交换定位于一种人际关系，认为在社会交换环境中，公正是能够培育员工报答行为的一种无形资源（R. Cropanzano & Z. S. Byrne，2000；R. Cropanzano & D. E. Rupp，2008；R. Cropanzano，D. E. Rupp & C. J. Mohler et al.，2001）。

虽然现代社会交换理论对公正的效应提供了引人注目和精妙的解释，然而解释大部分基于认知，以工作关系和交换质量为中心。

以情感为基础的公正效应解释理论正日益受到学者的关注。情感通常被定义为一种感觉的状态。情感状态代表了某一特定时点的情感表现，而情感倾向（或易感性）代表了在某种情形下的一种情感偏好（D. Watson，L. A. Clark & A. R. Harkness，1994）。情感与公正之间的关系得到了学者们的普遍关注，学者们用情感观点解释平等的苦恼（Adams，1965），指出不公正会导致个人情感的愤恨、不满（R. Folger，D. Rosenfield & T. Robinson，1983），不公正的遭遇还会带来道德愤怒（R. J Bies，1987）。利用元分析的研究表明，负面情绪、愤怒与公正子维度有密切关系，其中分配公平和程序公平对负面情绪的形成有显著的负向影响（Y. Cohen-Charash & P. E. Spector，2001）。Clayton（1992）利用开放式问卷研究发现，个体在面对不公正时会产生愤怒、悲伤和失望。基于情感的公正效应更是进一步解释了整体公正感对员工行为的影响机理。整体公正感不同于分维度的公正感研究，分维度的公正感是以事件为研究范式，强调了各个具体的事件，比如工资分配是否公正、领导者对待自己是否公正这类具体事件，而整体公正感是以社会实体为研究范式，强调了个体对某一社会实体（即行为发出者）是否公正的总体判断，而不是对其某一具体行为是否公正的判断（M. L. Ambrose & M. Schminke，2009）。整体公正感会影响到员工的情绪，情绪评价理论（Lazarus，1982）表明人们常常检视自己所处的环境，发现和评估变化。当个体感觉到经历的事件与自己的目标相关，影响到自己的幸福感、自我概念或是规范体系时会激发情绪反应（K. R. Scherer，A. E. Schorr & T. E. Johnstone，2001）。当个体感觉到经历的事件能够促进自己目标的完成时，能够激发积极情绪，而当个体感觉到经历的事件会阻碍个人目标的实现时，会导致负面情绪。实证研究表明，公正感和情绪反应有密切关系。除了大量基于公正具体维度的研究表明各个具体维度的公正比如结果公正、程序公正、互动公正与情绪的关系外，还有一些质性研究检验了整体公平感和情绪的关系。通过一系列的描述研究发现个体面对不公平时，会产生强烈的情绪反应，包含了愤怒、厌恶、悲伤、恐惧、羞愧和内疚（G. Mikula，1986；G. Mikula，K. R. Scherer & U. Athenstaedt，1998）。而一项最近的实证研究表明整体公正感可以增强个体的积极情绪，减少消极情绪，当个体感受到较高的整体公正感时，会产生积极情绪，而当个体感受到较低的公正感时会产生消极情绪（L. Barclay & T. Kiefer，2014）。相关研究表明积极的情绪会激发员工对组织的认同、组织情感承诺，增进积极行为（M. L. Ambrose & M Schminke，2009；L. Barclay & T. Kiefer，2014）。而消极情绪则会对诱发一系列负面行为导致绩效下降（O. Janssen，C. K. Lam & X. Huang，2010；S. Spencer & D. E. Rupp，2009），甚至会激发员工对组织的不满从而导致不良行为的发生（L. Barclay & T. Kiefer，2014；王宇清，2012）。

因此，基于情绪视角的公正，当员工感受到组织公正时，往往会形成积极情绪，在积极情绪的作用下，员工会表现出更多的积极行为和更少的不良行为。当员工感受到不公正时，往往会形成负面情绪，在负面情绪的作用下员工会表现出更少的积极行为和更多的不良行为。据此提出以下假设：

H4：整体公正感对员工积极行为有正向影响。

H5：整体公正感对员工不良行为有负向影响。

进一步提出以下假设：

H6：整体公正感在组织第三方指向不道德行为与员工积极行为间起到中介作用。

H6a：整体公正感中介了客户指向不道德行为对员工积极行为的影响。

H6b：整体公正感中介了合作者指向不道德行为对员工积极行为的影响。

H6c：整体公正感中介了社会指向不道德行为对员工积极行为的影响。

H6d：整体公正感中介了环境指向不道德行为对员工积极行为的影响。

H6e：整体公正感中介了竞争者指向不道德行为对员工积极行为的影响。

H6f：整体公正感中介了同事指向不道德行为对员工积极行为的影响。

H7：整体公正感在组织第三方指向不道德行为与员工不良行为间起到中介作用。

H7a：整体公正感中介了客户指向不道德行为对员工不良行为的影响。

H7b：整体公正感中介了合作者指向不道德行为对员工不良行为的影响。

H7c：整体公正感中介了社会指向不道德行为对员工不良行为的影响。

H7d：整体公正感中介了环境指向不道德行为对员工不良行为的影响。

H7e：整体公正感中介了竞争者指向不道德行为对员工不良行为的影响。

H7f：整体公正感中介了同事指向不道德行为对员工不良行为的影响。

4.2.3　移情的调节作用

心理学家对移情心理机制的研究较为深入和丰富，不同的学者对移情的心理机制进行了不同的解释，提出了各自的观点。但较为学术界接受和认可的是霍夫曼（马丁. L. 霍夫曼，2003）对移情发生机制的研究。

早期的研究表明移情能够激发个体的亲社会行为（N. Eisenberg, N. Wentzel & J. D. Harris, 1998），即个体会在观察到他人处于痛苦、悲伤之中时，会产生移情唤醒，有可能会触发个体的亲社会动机，做出帮助他人的行为。霍夫曼从移情的亲社会行为开始进行研究，研究旁观者在观察到其他人处于痛苦、危险状态中时，旁观者是否会给予帮助。霍夫曼认为移情会让移情者的情绪反应与被移情者的情绪反应相一致，因而他的研究是以个体在移情中的情感反应为核心。通过研究霍夫曼提出个体移情发生路径主要要有五条，分别是状态模拟、条件反射、直接联想以及间接联想以及角色采择。状态模拟、条件反射和直接联想对幼儿期移情行为的发生有着重要影响，而间接联想、角色采择两种移情方式伴随着个体的成长逐渐发挥其重要性，在个体移情发展的后期，在移情唤醒中发挥关键作用（M. L. Hoffman, 1981）。

状态模拟产生移情作用的机理在于人类的情绪和表情之间确实存在着确定的联系（S. Baron-Cohen & S. Wheelwright, 2004；马丁 . L. 霍夫曼，2003）。状态模拟被看作是自动产生的移情方式，移情者通过对观察对象行为、表情的模仿，会产生心理的反馈与刺激，移情者就会形成与被观察者类似的情绪。条件反射是另一种原始的移情发生机制。当个体观察到他人处于悲伤、痛苦的状态或是危险、困难中时，会产生对被移情者情绪的理解反应，但这一情绪反应不需要移情者与被移情者之间达到情感匹配，只是一种类似的情绪反应就可以。直接联想是指在被移情者的表情、声音和姿势等各种表现的作用下，唤起移情者对以前经历过事件的直接联想，或回忆起移情者自己以前经历过的类似情境，从而产生与被移情者情绪状态相适应的情绪反应。间接联想是一种高级的移情机制。移情者可以不接触到受害者，而是借助文字、言语、图片等信息载体，利用抽象的信息来产生移情（马丁 . L. 霍夫曼，2003）。

角色采择是一种将他人的感受转化为自身体会的移情方式，产生感同身受的作用。个体往往通过自我想象把自己处于遭受不幸者的状态中，从而产生与不幸者相同的情感状态（休谟，1997；亚当·斯密，2009）。实证研究表明存在两种角色采择方式：以自我为中心的角色采择和以他人为中心的角色采择（E. Stotland, 1969）。当个体观察到他人处在悲伤、痛苦中时，个体如果设想自己遭遇同样的悲伤、痛苦时自己的感受，把自己投射到相应的环境中去，这称之为自我中心的角色采择。当个体在听到或观察到其他人遭遇困难、不幸时，如果以受害者为注意的中心，想象受害者会有怎样的感受，去体会受害者的感受则属于以他人为中心的角色采择。从移情强度来说，以自我为中心的角色采择强于以他人为中心的角色采择。但是这两种角色采择并不是完全孤立的，个体在角色采择中可以把自我为中心和他人为中心的两种角色采择形式结合起来，共同激发移情，而且旁观者可以在自我为中心和他人为中心的两种角色采择形式中进行转换或混合体验（马丁·L. 霍夫曼，2003）。在后来的研究中角色采择更多地被表现为观点采择，观点采择反映了个体在识别他人所处的情境后，将自己放于和他人相似的情境后对他人观点的理解能力（Eisenberg & Miller，1987）。

从移情发生机制来看，虽然状态模拟、条件反射、直接联想、间接联想和角色采择的移情发生机制不同，但产生的移情情感都是一样的。这五种方式既可以单独起作用，也可以多模式同时发生共同起作用，产生更为强烈的移情情感。

4.2.3.1　移情调节了组织第三方指向不道德行为与员工在职行为间关系

移情是个体对他人遭遇的情绪反应，是一种情绪共享行为，是个体感受能够他人情绪，并能够分担他人痛苦的一种情绪性反应（R. J. R. Blair，2005），是指个体能够识别他人的情绪，并能够体会到他人情绪反应、心理感受的能力。因而当具备高移情能力的员工，看到组织对客户、公众和竞争者的不公正行为，更能够体会到他们遭受的不公正，更容易在情绪上体会到他们的不幸。

观点采择能够让一个人理解感受他人的遭遇，并与他人形成相似的情感体验（C. D. Batson，S. Early & G. Salvarani，1997），观点采择会让员工从旁观者的视角来看待问题，当观察到他人遭受不公正待遇时，会产生与他人相类似的情感体验，这会直接导致员工对组织的负面情绪。同情关心会让员工对遭受不公正的他人产生同情心，产生对受害者的帮助意愿；个体忧伤会让员工在看到他人在遭受不公正后产生负面情绪，形成诸如悲伤、焦虑感等；自我想象会让员工将自己置入受害者所处的不公正情境，想象受害者的心情和反应，以及如果自己处于不幸境遇获得反应。从移情的四维度可以看出，当个体观察到他人的不幸遭遇时，会激发个体的负面情绪，这种负面的情绪将会加强员工对组织不道德行为的不满和惩罚愿望，表现出更少的积极行为，更多的不良行为。据此提出以下假设：

H8：移情调节了组织第三方指向不道德行为与员工积极行为间关系。

H8a：观点采择调节了组织第三方指向不道德行为与员工积极行为间关系，高观点采择的员工会表现出更少的积极行为。

H8b：同情关心调节了组织第三方指向不道德行为与员工积极行为间关系，高同情关心员工会表现出更少的积极行为。

H8c：个体忧伤调节了组织第三方指向不道德行为与员工积极行为间关系，高个体忧伤员工会表现出更少的积极行为。

H8d：自我想象调节了组织第三方指向不道德行为与员工积极行为间关系，高自我想象员工会表现出更少的积极行为。

H9：移情调节了组织第三方指向不道德行为与员工不良行为间关系。

H9a：观点采择调节了组织第三方指向不道德行为与员工不良行为间关系，高观点采择员工会表现出更多的不良行为。

H9b：同情关心调节了组织第三方指向不道德行为与员工不良行为间关系，高同情关心员工会表现出更多的不良行为。

H9c：个体忧伤调节了组织第三方指向不道德行为与员工不良行为间关系，高个体忧伤员工会表现出更多的不良行为。

H9d：自我想象调节了组织第三方指向不道德行为与员工不良行为间关系，高自我想象员工会表现出更多的不良行为。

4.2.3.2 移情调节了组织第三方指向不道德行为与员工整体公正感关系

当员工加入一个组织时，会面对很多的不确定性。此时，组织是否公正是员工进行不确定性管理的重要信息（K. Van Den Bos & E. A. Lind，2002），因而员工会关心组织会是否公正。但是，员工往往缺乏足够的信息做出组织是否公正的判断，他们往往是基于公平启发式来做出组织是否公正的整体判断，而非对某个子维度，如程序公平、分配公平、互动公平进行判断。员工会利用自己的直接感受或是组织对待自己之外第三方的态度、行为快速做出组织是否公正的判断（E. A. Lind, L. Kray & L. Thompson, 2001）。因此，当员工观察到组织第三方指向的不道德行为时，会形成对组织的低公正感。移情能力代表了员工对他人遭遇的理解和同情。高移情者往往会对他人的遭遇表现出情绪性反应，当高移情员工观察到组织的不道德行为时，更容易产生负面情绪反应，从而引发更强烈的组织不公正感。比如观点采择会让员工从受害者一方去看待问题（C. D. Batson, J. Fultz & P. A. Schoenrade, 1987），更容易引发员工的负面情绪，从而产生更强烈的组织不公正感；移情关注能够让个体加深对受害者的同情和理解，体会到更多的不公正；个体忧伤会由于旁观者遭受的不公正而产生自我忧伤、焦虑这也会加深员工的负面情绪；自我想象会让个体想象把自己置于旁观者所处的环境中，产生对旁观者遭受不公正的更深刻理解，从而会产生切肤之痛的感觉（M. H. Davis, 1994），因而会导致更强烈的组织不公正感，形成对组织公正感的更低评价。据此，提出以下假设：

H10：移情调节了组织第三方指向不道德行为与员工整体公正感关系。

H10a：观点采择调节了组织第三方指向不道德行为与员工整体公正感关系，高观点采择员工的整体公正感更低。

H10b：同情关心调节了组织第三方指向不道德行为与员工整体公正感关系，高同情关心员工的整体公正感更低。

H10c：个体忧伤调节了组织第三方指向不道德行为与员工整体公正感关系，高个体忧伤员工的整体公正感更低。

H10d：自我想象调节了组织第三方指向不道德行为与员工整体公正感关系，高自我想象员工的整体公正感更低。

4.2.3.3 移情调节了员工整体公正感与员工在职行为关系

组织（不）公正感将会对员工的行为和态度产生影响，基于社会交换理论和情感理论的研究分别对其对影响机制进行了解释。虽然基于社会交换理论对其机制的解释得到了学术界的长期认可，相关研究也实证支持了这一观点，但是基于情感的公正研究正在日益受到重视。基于情感的公正研究认为，组织的（不）公正会引发员工的情绪反应，而这一情绪反应会激发个体的行为的态度发生改变（J. A. Colquitt, B. A. Scott, J. B. Rodell, D. M. Long, C. P. Zapata, D. E. Conlon & M. J. Wesson, 2013）。因此，在整体公正感影响员工在职行为的过程中，个体的情绪起到了重要作用。当员工形成对组织的整体公正感后，公正感将指导员工后续的行为（Lind, 2001）。高组织公正感会激发员工的积极情绪，能够提升员工的积极行为，而低组织公正感会激发个体的不良情绪，从而增加个体的不良行为。具备高移情能力的员工，往往能够做到换位思考，常常会替他人着想。比如观点采择，会让个体从他人的视角来看待问题，通常会考虑他人的感受，在自己遭遇不公平事件时，能够优先考虑他人的感受，克制自己的不良情绪，避免不良情绪对他人的影响（S. Feshbach & N. Feshbach, 1986）。移情中的观点采择能够提升个体与他人的同一性，而同一性可以让个体产生避免伤害他人的决策，减少个体对他人的侵犯行为（P. A. Miller & N. Eisenberg, 1988）。因此高移情能力的员工在形成较低的组织公正感时，能够很好地克制自己的不良情绪，从而表现出较少的不良行为。此外，高移情能力的个体能够理解他人的情绪和境遇，理解他人的行为。常常能够保持积极、宽容、祥和的心态，更多地考虑他人的感受，在面对组织公正时会产生更多的满足感，产生积极助人的情绪（C. D. Batson, J. G. Batson & J. K. Slingsby et al., 1991）。有研究表明个体的幸福感、生活满意感等积极情绪会通过移情机制传递给其他人（E. Demerouti, A. B. Bakker & W. B. Schaufeli, 2005）。因而高移情能力的个体能够感受到他人在面对公平时的积极情绪，产生与他人相同的积极情绪，促进个体积极行为的发生。据此，提出以下假设：

H11：移情调节了员工整体公正感与员工积极行为关系。

H11a：观点采择调节了员工整体公正感与员工积极行为间关系，高观点采择员工会表现出更高的积极行为。

H11b：同情关心调节了员工整体公正感与员工积极行为间的关系，高同情关心员工会表现出更高的积极行为。

H11c：个体忧伤调节了员工整体公正感与员工积极行为间关系，高个体忧伤员工会表现出更高的积极行为。

H11d：自我想象调节了员工整体公正感与员工积极行为间关系，高自我想象员工会表现出更高的积极行为。

H12：移情调节了员工整体公正感与员工不良行为间关系。

H12a：观点采择调节了员工整体公正感对员工不良行为的影响，高观点采择员工会表现出更少的不良行为。

H12b：同情关心调节了员工整体公正感对员工不良行为的影响，高同情关心员工会表现出更少的不良行为。

H12c：个体忧伤调节了员工整体公正感对员工不良行为的影响，高个体忧伤员工会表现出更少的不良行为。

H12d：自我想象调节了员工整体公正感对员工不良行为的影响，高自我想象员工会表现出更少的不良行为。

4.3　变量测量

4.3.1　组织不道德行为

组织不道德行为的测量采用本研究第3章开发的量表，该量表包含六个维度，22 个题项。开发过程的实证研究表明，该量表具有较好的信效度。因为本书中是从员工作为旁观者的视角进行研究，因此，对之前开发的量表中的指向员工的不道德行为措辞进行了修改。比如，将"未与员工签订劳动合同（WO1）"，修改为"公司未与部分同事签订劳动合同"；将"未给员工购买养老、医疗和失业等社会保险（WO2）"，修改为"未给部分同事购买养老、医疗和失业等社会保险"；将"公司对员工存在歧视（WO3）"，修改为"一些同事遭受了公司的歧视"；将"员工未享受合法的工资、加班和福利规定（WO5）"，修改为"一些同事未享受合法的工资、加班和福利规定"。

4.3.2 整体公正感

组织整体感公正感的测量采用 Amborse & Schminke（2009）在 Lind（2001）以及 Colquitt & Shaw（2005）的基础上开发的六题项整体公正感测量量表，该量表在以往的研究中具有较好的信度和效度。见表 4.1。

表 4.1　　　　　　　　　　**组织整体公正感量表**

编号	题项
POJ1	总体而言，公司对我是公平的
POJ2	一般来说，这家公司在公平上还是靠得住的
POJ3	我在公司遭受的待遇是公平的
POJ4	通常这家公司处理事情的方式是不公平的（R）
POJ5	绝大多数情况，这个公司对员工是公平的
POJ6	绝大多数员工认为公司是不公平的（R）

考虑到本书研究中关注的是整体公平感，因此，将题项中针对个人公平感受的两个题项"总体而言，公司对我是公平

的"和"我在公司遭受的待遇是公平的"予以删除。之后，在西部一家高校的 MBA 班上发放问卷 103 份，回收问卷 78 份，用于检验删除题项后的整体公正感量表的信度和效度。检验结果见表 4.2。

表 4.2　　　　　　　修正后的组织整体公正感量表

维度	题项	标准化载荷	组合信度	Cronbach α	AVE
整体公正感	POJ2	0.82	0.92	0.88	0.74
	POJ4	0.88			
	POJ5	0.91			
	POJ6	0.83			

结果表明，组合信度、AVE 值和 Cronbach α 值都符合量表的要求 (D. Barclay, C. Higgins & R. Thompson, 1995; C Fornell & D. F. Larcker, 1981a; 1981b; J. F. Hair, W. C. Black, R. E. Anderson & R. L. Tatham, 2006)，删除题项后的量表具有良好的信度和效度，可以用于进一步研究的使用。

4.3.3　在职行为

员工在职行为中的积极行为采用 Lehman (1992) 开发的员工工作行为量表中的积极行为维度，该维度包含五个题项。员工不良行为采用 Bennett, R. J. & S. L. Robinson (2000) 开发的员工工作场所偏差行为量表中组织指向不良行为维度，该维度包含 12 个题项，该量表经过多次的使用具有较好的信度和效度。这 17 个题项构成了本研究测量在职行为量表的基础。如表 4.3 所示。

表 4.3   在职行为量表

维度	编号	题项
积极行为	JB1	做得比要求的多
	JB2	自愿加班
	JB3	尝试去改善工作条件
	JB4	与主管交流改进工作
	JB5	想更好的办法来改进工作
不良行为	JB6	私拿公司财物
	JB7	花太多的时间空想而非工作
	JB8	利用虚假发票赚取报销费用
	JB9	休息时间超过规定
	JB10	上班迟到
	JB11	把工作场所搞得一团糟
	JB12	忽视或不服从指导
	JB13	故意怠工磨洋工
	JB14	向未经许可的人谈论公司的机密
	JB15	工作时饮酒或服用非法药物
	JB16	工作中几乎不努力
	JB17	为了赚取加班费拖延工作

经过与组织行为学方面同行商议，删除了在中国环境下不具有典型特点或不能很好评价的几个题项："花太多的时间空想而非工作""利用虚假发票赚取报销费用"、"向未经许可的人谈论公司的机密"、"工作时饮酒或服用非法药物"、"为了赚取加班费拖延工作"。最后共有 12 个题项。向西部地区某高校 MBA 班学员发放问卷 103 份，回收有效问卷 71 份用于检验量表的信度、收敛效度和区分效度。结果如表 4.4 所示。

维度	题项	标准化载荷	组合信度	Cronbach α	AVE
积极行为	JB1	0.78	0.89	0.83	0.63
	JB2	0.71			
	JB3	0.83			
	JB4	0.80			
	JB5	0.84			
不良行为	JB6	0.82	0.92	0.87	0.64
	JB9	0.83			
	JB10	0.84			
	JB11	0.75			
	JB12	0.72			
	JB13	0.81			
	JB16	0.81			

表 4.4　　　　　　　　修正后的员工在职行为量表

检验结果表明，组合信度、AVE 值和 Cronbach α 值都符合量表的要求（D. Barclay，C. Higgins & R. Thompson，1995；C. Fornell & D. F. Larcker，1981a；1981b；J. F. Hair，W. C. Black，R. E. Anderson & R. L. Tatham，2006），说明修订后的量表具有较好的信度和效度，可以用于下一步的研究。

4.3.4　移情

本书采用 Davis 人际反应指标（interpersonal relativity index，IRI）进行移情的测量。Davis（1980）从移情的多维角度出发编制了人际反应指标，由 28 个题项组成，包含了四个分量表，分别是观点采择、自我想象、同情关心以及个体忧伤。中国台湾学者詹志禹（1987）对其进行修订后形成了中国版的人际反应指标（IRI-C），该量表具有较高的信度和效度。彭秀芳（2006）以及戎幸、孙炳海和黄小忠等（2010）使用 IRI-C 进行过研究，都报告了较好的信效度指标。本书研究中采用詹志禹（1987）修订后的 IRI-C 测量员工的移情能力。具体见表 4.5。

表 4.5　　　　　　　　　　　　移情量表题项

编号	题　目
E1	对那些比我不幸的人，我经常有体贴和关怀的感觉
E2	有时候当其他人有困难或问题时，我并不为他们感到很难过
E3	我的确会投入小说人物中的感情世界
E4	在紧急状况中，我感到担忧、害怕而难以平静
E5	看电影或看戏时，我通常是旁观的，而且不经常全心投入
E6	在做决定前，我试着从争论中去看每个人的立场
E7	当我看到有人被别人利用时，我有些想要保护他们
E8	当我处在一个情绪非常激动的情况中时，我往往会感到无依无靠，不知如何是好
E9	有时候我想象从我的朋友的观点来对待事情的样子，以便更了解他们
E10	对我来说，全心地投入一本好书或一部好电影中，是很少有的事
E11	其他人的不幸通常不会带给我很大的烦恼
E12	看完戏或电影之后，我会觉得自己好像是剧中的某一个角色
E13	处在紧张情绪的状况中，我会惊慌害怕
E14	当我看到有人受到不公平的对待时，我有时并不感到非常同情他们
E15	我相信每个问题都有两面观点，所以我常试着从不同的观点来看问题
E16	我认为自己是一个相当软心肠的人
E17	当我观赏一部好电影时，我很容易站在某个主角的立场去感受他的心情
E18	在紧急状况中，我紧张得几乎无法控制自己
E19	当我对一个人生气时，我通常会试着去想一下他的立场
E20	当我阅读一篇引人的故事或小说时，我想象：如果故事中的事件发生在我身上，我会感觉怎么样
E21	当我看到有人发生意外而急需帮助的时候，我紧张得几乎精神崩溃
E22	在批评别人前，我会试着想象：假如我处在他的情况，我的感受如何

移情量表保留了所有的题项，该量表已经过多次使用，具有较好的信度和效度，因此，不再进行信度、效度的预试。

4.4　本章小结

本章的主要工作是理论模型构建与研究假设发展。依据相关概念的内涵与相关关系，依据公正义务论和公平启发式，构建了本书研究的理论模型，并且发展出研究假设。基于公正义务论理论的预测，组织第三方指向不道德行为会引发旁观者，即本研究中的员工对组织不道德行为的惩罚和不满意愿，表现为积极行为的减少和不良行为的增加。组织第三方指向不道德行为会引发员工整体公正感下降，产生组织不公正的感觉。这种不公正的感觉，会导致员工对组织的负面情绪，从而导致员工减少积极行为，增加不良行为。员工的移情能力反映了员工对遭受不幸者的同情和感同身受的能力，员工的移情能力对员工在观察到组织第三方指向不道德行为时的反应起到了调节作用。

第 5 章

假设检验

5.1 数据收集

本书研究中先由员工回答组织不道德行为、移情、组织公正感，然后由员工的直接领导回答员工的在职行为表现，于是数据的收集采取了配对样本的方法。具体操作如下：首先，通过样本公司内部的联系人从人力资源部抽取了 600 名员工，然后通过该公司的内部邮件和短信群发系统，向这 600 名员工发送问卷填答邀请信，邀请这些员工到指定的网站填写问卷。在邀请信中为每位员工预设了一个邀请码，并且承诺本研究问卷只是用于研究，所填答的内容绝对保密且只有研究者可以获取这些内容，公司无法获得填答信息。同时，在填答问卷时，不要求员工填答自己的姓名、职务等敏感信息，只要求员工填写邀请码，这样做可以防止员工因顾虑而不能真实的填答问卷。并且承诺每一位认真填写问卷的员工可以获得价值 10 元的电子购物券。经过一个半月的反复邀请，最终有 378 人在网站填写了问卷，形成了 68 个小组。经过筛选删除了填答不完全、回答中存在明显规律性的问卷后，保留合格问卷 265 份，形成了 55 个小组。为了保证数据的有效性，放弃了员工数量少于 3 人的配对组，最后共保留了 53 个小组，共有问卷 262 份。然后，依据问卷中填写的邀请码，找到该员工的直接主管，邀请这 53 个小组的主管在同一网站填写问卷，对本组员工的在职行为进行评价，经过两周的时间，每个小组的主管都完成了对员工的评价，剔除有缺失值、回答中存在明显规律性的问卷后，保留了问卷 255 份，分布于 53 个小组中。

5.2　样本描述

分别对员工和员工直接主管人口统计学指标进行了统计，结果如表 5.1 和表 5.2 所示。

表 5.1　　　　员工人口统计学变量（n = 255）

特征变量	变量	人数	占比（%）
性别	男	163	63.93
	女	92	36.07
年龄	20 岁及以下	12	4.71
	21 ~ 30 岁	82	32.16
	31 ~ 40 岁	71	27.84
	41 ~ 50 岁	56	21.96
	51 岁及以上	34	13.33
婚否	已婚	148	58.04
	未婚	107	41.96
教育程度	高中及以下	14	5.49
	大专及本科	172	67.45
	研究生	69	27.06

续表

特征变量	变量	人数	占比（%）
工作年限	5 年及以下	53	20.78
	6~10 年	61	23.92
	11~15 年	52	20.39
	16~20 年	46	18.04
	21 年及以上	42	16.47

下表为直接主管人口统计学指标。

表 5.2　　　　　　　主管人口统计分析（n=53）

特征变量	变量	人数	占比（%）
性别	男	41	77.36
	女	12	22.64
年龄	30 岁及以下	13	24.53
	31~40 岁	18	33.96
	41~50 岁	17	32.08
	51 岁及以上	5	9.43
婚否	已婚	37	69.81
	未婚	16	30.19
教育程度	高中及以下	1	1.89
	大专及本科	37	69.81
	研究生	15	28.30
工作年限	10 年及以下	13	24.53
	11~20 年	21	39.63
	21~30 年	11	20.75
	31 年及以上	8	15.09
职务层级	基层管理	47	88.68
	中层管理	6	11.32

5.3 量表信效度分析

5.3.1 组织不道德行为量表信效度分析

组织不道德行为量表信度通过 Cronbach α 和组合信度进行检验。对该量表的收敛效度采用 AVE 进行判断，区分效度采用 AVE 与相关系数的关系进行判断。

组织不道德行为量表的信度分析结果如表 5.3 所示。

表 5.3 组织不道德行为量表信度分析

维度	题项	标准化载荷	组合信度	Cronbach α	AVE
客户指向	CO1	0.71	0.89	0.82	0.61
	CO2	0.77			
	CO3	0.78			
	CO4	0.81			
	CO5	0.82			
环境指向	EO1	0.84	0.86	0.84	0.67
	EO2	0.82			
	EO3	0.79			
合作者指向	PO1	0.75	0.86	0.79	0.61
	PO3	0.81			
	PO4	0.79			
	PO6	0.76			
社会指向	SO1	0.83	0.85	0.75	0.65
	SO2	0.80			
	SO3	0.79			

维度	题项	标准化载荷	组合信度	Cronbach α	AVE
竞争者指向	RO1	0.72	0.83	0.79	0.62
	RO3	0.83			
	RO4	0.80			
同事指向	WO1	0.80	0.89	0.85	0.67
	WO2	0.84			
	WO3	0.81			
	WO5	0.83			

接着对组织不道德行为量表效度进行分析，结果如表 5.4 所示。

表 5.4　　　　　　组织不道德行为量表效度分析

维度	1	2	3	4	5	6
客户指向	0.78					
环境指向	0.74	0.81				
合作者指向	0.67	0.76	0.78			
社会指向	0.69	0.66	0.71	0.81		
竞争者指向	0.60	0.74	0.76	0.71	0.79	
同事指向	0.62	0.72	0.69	0.72	0.74	0.82

注：对角线数据为 AVE 平方根。

检验结果表明，组合信度、AVE 值和 Cronbach α 值都符合量表的要求（D. Barclay, C. Higgins & R. Thompson, 1995; C. Fornell & D. F. Larcker, 1981a; 1981b; J. F. Hair, W. C. Black, R. E. Anderson & R. L. Tatham, 2006），说明量表具有较好的信度和效度，可以用于下一步的研究。

5.3.2 整体公正感量表信效度分析

整体公正感量表信度分析,通过 Cronbach α 和组合信度进行检验。因为该量表为单一维度量表,因此,对该量表的收敛效度采用 AVE 进行判断(大于 0.5)。具体见表 5.5。

表 5.5   整体公正感量表信效度分析

题项	标准化载荷	组合信度	Cronbach α	AVE
POJ2	0.89			
POJ4	0.76	0.91	0.86	0.72
POJ5	0.85			
POJ6	0.88			

检验结果表明,组合信度、AVE 值和 Cronbach α 值都符合量表的要求(D. Barclay, C. Higgins & R. Thompson, 1995; C. Fornell & D. F. Larcker, 1981a; 1981b; J. F. Hair, W. C. Black, R. E. Anderson & R. L. Tatham, 2006),说明量表具有较好的信度和效度,可以用于下一步的研究。

5.3.3 移情量表信度分析

通过 Cronbach α 和组合信度进行信度检验。对该量表的收敛效度采用 AVE 进行判断,区分效度采用 AVE 与相关系数的关系进行判断。具体见表 5.6。

表 5.6　　　　　　　　　　　移情量表信度分析

维度	题项	标准化载荷	组合信度	Cronbach α	AVE
观点采择	E6	0.69			
	E9	0.72			
	E15	0.77	0.87	0.82	0.57
	E19	0.81			
	E22	0.79			
自我想象	E3	0.81			
	E5	0.76			
	E10	0.84	0.91	0.89	0.63
	E12	0.71			
	E17	0.82			
	E20	0.83			
同情关心	E1	0.76			
	E2	0.77			
	E7	0.80	0.90	0.87	0.61
	E11	0.81			
	E14	0.78			
	E16	0.77			
个人忧伤	E4	0.78			
	E8	0.81			
	E13	0.83	0.89	0.89	0.63
	E18	0.74			
	E21	0.80			

　　表 5.7 为移情量表的区分效度分析，通过计算 AVE 同相关系数的关系确定区分效度。

表 5.7　　移情量表的区分效度分析

维度	1	2	3	4
观点采择	0.75			
自我想象	0.53	0.79		
同情关心	0.42	0.57	0.78	
个人忧伤	0.61	0.62	0.62	0.79

注：对角线数据为 AVE 平方根。

从表 5.7 中可以看出 AVE 值的平方根是大于各个维度之间相关系数的绝对值，说明四个维度间存在区别效度。综合上述分析结果表明，组合信度、AVE 值和 Cronbach α 值都符合量表的要求（D. Barclay，C. Higgins & R. Thompson，1995；C. Fornell & D. F. Larcker，1981a；1981b；J. F. Hair，W. C. Black，R. E. Anderson & R. L. Tatham，2006），说明量表具有较好的信度和效度，可以用于下一步的研究。

5.3.4　员工在职行为量表分析

通过 Cronbach α 和组合信度进行检验，对量表的收敛效度采用 AVE 进行判断，区分效度采用 AVE 与相关系数的关系进行判断。计算结果如表 5.8 所示。

表 5.8　　在职行为量表信度分析

维度	题项	标准化载荷	组合信度	AVE	Cronbach α
积极行为	JB1	0.79	0.89	0.61	0.86
	JB2	0.81			
	JB3	0.86			
	JB4	0.72			
	JB5	0.73			

续表

维度	题项	标准化载荷	组合信度	AVE	Cronbach α
不良行为	JB6	0.80	0.91	0.60	0.91
	JB9	0.85			
	JB10	0.79			
	JB11	0.73			
	JB12	0.71			
	JB13	0.82			
	JB16	0.71			

　　表5.9为在职行为量表的区分效度分析结果，通过计算 AVE 同相关系数的关系确定区分效度。

表 5.9　　　　　　　　在职行为量表区分效度分析

维度	1	2
积极行为	0.78	
不良行为	-0.37	0.77

注：对角线数据为 AVE 平方根。

　　结果表明，各维度 AVE 平方根大于相关系数，说明两个概念间具有区别效度。综合上述分析表明，组合信度、AVE 值和 Cronbach α 值都符合量表的要求（D. Barclay, C. Higgins & R. Thompson, 1995；C. Fornell & D. F. Larcker, 1981a；1981b；J. F. Hair, W. C. Black, R. E. Anderson & R. L. Tatham, 2006），说明量表具有较好的信度和效度，可以用于下一步的研究。

5.4　数据预分析

5.4.1　同源方差与区分度检验

　　由于本书研究的问卷中，组织不道德行为、整体公正感和移情数据来源于同一数据源（员工），因此，在数据分析前，采用单因子检验以检测同源方差是否对本研究有影响。将所有条目载荷到一个因子上，进行未旋转的验证性因子分析，结果发现析出的第一个因子解释了 27.31% 的变异，未达到总变异解释量（71.52%）的 1/2，说明不存在同源方差影响。

接着进一步检验三个变量的区分效度。参照 Zhang & Bartol（2010）的做法，本书中将组织不道德行为和移情量表的题目平均到各维度，并以各维度为显变量，整体公正感以题目直接进行分析（R. G. Netemeyer，M. W. Johnston & S. Burton，1990）。结果显示四因子模型（模型 1）拟合效果优于其他模型（见表 5.10）。

表 5.10 模型嵌套比较结果

模型	因素	χ^2	Df	RMSEA	TLI	CFI	$\Delta\chi^2$（Δdf）
模型 1	3 因子：OUB, OJ, EE	231.28	74	0.06	0.91	0.90	
模型 2	2 因子：OUB + OJ, EE	270.56	76	0.12	0.86	0.83	39.28（2）
模型 3	2 因子：OUB + EE, OJ	354.92	76	0.15	0.81	0.78	123.64（2）
模型 4	2 因子：EE + OJ, OUB	446.12	76	0.19	0.77	0.76	214.28（2）
模型 5	1 因子：OUB, EE, OJ	766.92	77	0.21	0.62	0.63	535.64（3）

注：OUB 代表组织不道德行为；OJ 代表整体公正感；EE 代表移情能力；+ 代表因子结合。

这说明三个变量间区分度较好，表明同源方差不构成对本研究结果的影响。为进一步检验变量间区分度，计算了各变量的 AVE，同时为了考察数据的内部质量还计算了组合信度。结果如表 5.11 所示。

表 5.11 测量项目属性（N = 255）

构念和指标	标准化载荷	组合信度	AVE
组织不道德行为		0.87	0.53
客户指向	0.73		
环境指向	0.75		

构念和指标	标准化载荷	组合信度	AVE
合作者指向	0.77		
社会指向	0.66		
竞争者指向	0.62		
同事指向	0.81		
移情		0.84	0.58
观点采择	0.78		
自我想象	0.79		
同情关心	0.65		
个人忧伤	0.81		
整体公正感		0.91	0.72
一般来说, 这家公司在公平上还是靠得住的	0.89		
通常这家公司处理事情的方式是不公平的	0.77		
绝大多数情况, 这个公司对员工是公平的	0.84		
绝大多数员工认为公司是不公平的	0.88		

结合表 5.10 和表 5.11 的结果可以确定, 组合信度和 AVE 值值都符合量表的要求 (D. Barclay, C. Higgins & R. Thompson, 1995; C. Fornell & D. F. Larcker, 1981a; 1981b; J. F. Hair, W. C. Black, R. E. Anderson & R. L. Tatham, 2006), 说明各变量间具有较好的区分效度, 而且本书研究中员工在职行为数据来源于员工主管, 因而可以确信同源方差不构成对本书研究的影响。

5.4.2　变量描述统计

表 5.12 反映了变量的平均值、标准差、相关系数和内部一致性信度系数, 性别 1 代表男性, 2 代表女性; 年龄以实际年纪计算; 受教育程度 1 代表高中及以下, 2 代表大专及本科, 3 代表研究生。

相关结果初步表明，变量间关系与假设相符，为后续的假设检验提供了基础。

表 5.12　　　　　　　　　变量描述 （N=255）

	均值	标准差	1	2	3	4	5	6	7	8
性别	1.36	0.48	—							
年龄	35.61	10.85	-0.01	—						
教育程度	2.216	0.53	0.02	-0.02	—					
组织不道德行为	4.32	1.81	0.01	0.02	-0.02	0.83				
整体公正感	3.16	0.97	0.03	0.01	0.01	-0.17	0.86			
积极行为	5.21	1.79	0.02	0.02	0.02	-0.09	0.21	0.86		
不良行为	3.89	1.14	-0.01	0.01	-0.01	0.23	-0.18	-0.11	0.91	
移情	5.76	1.37	0.03	0.02	0.02	0.05	0.06	0.07	0.06	0.88

注：对角线数字是内部一致性信度系数。

5.5　组织第三方指向不道德行为影响员工在职行为作用检验

根据前文的分析，组织不道德行为对员工积极行为有负向影响，对员工不道德行为有正向影响，并提出了相应的假设。下面利用 AMOS20.0，通过结构方程模型对假设进行检验，结果如表5.13、表5.14 和图5.1 所示。

表 5.13　　　组织第三方指向不道德行为对员工积极行为
影响检验结果 （N=255）

假设	参数	路径系数	T 值
H1a	γ_1	-0.53	-4.38
H1b	γ_2	-0.41	-3.96

续表

假设	参数	路径系数	T 值
H1c	γ_3	− 0. 36	− 3. 87
H1d	γ_4	− 0. 39	− 4. 01
H1e	γ_5	− 0. 08	− 1. 02
H1f	γ_6	− 0. 63	− 4. 85

表 5. 14　　　组织第三方指向不道德行为对员工不良行为
影响检验结果 （N = 255）

假设	参数	路径系数	T 值
H2a	γ_1	0. 49	4. 21
H2b	γ_2	0. 42	3. 77
H2c	γ_3	0. 10	1. 57
H2d	γ_4	0. 08	1. 03
H2e	γ_5	0. 06	1. 01
H2f	γ_6	0. 57	4. 68

结果显示，客户指向不道德行为对员工积极行为负向作用显著 （P < 0. 001），假设 H1a 得到支持；合作者指向不道德行为对员工积极行为负向作用显著 （P < 0. 001）假设 H1b 得到支持；社会指向不道德行为对员工积极行为负向作用显著 （P < 0. 001），假设 H1c 得到支持；环境指向不道德行为对员工积极行为负向作用显著 （P < 0. 001），假设 H1d 得到支持；竞争者指向不道德行为对员工积极行为负向作用不显著，假设 H1e 没有得到支持；同事指向不道德行为对员工积极行为负向作用显著 （P < 0. 001），假设 H1f 得到支持。

对于竞争者指向不道德行为对员工积极行为没有影响的原因，研究者认为，在于员工对指向竞争对手的不道德行为是否违反道德规则的判断。由于当前中国企业间的竞争激烈，为了生存企业不可

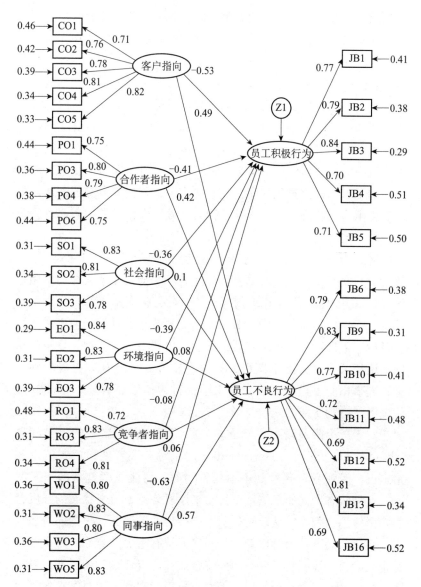

图 5.1　组织第三方指向不道德行为对员工在职行为影响

避免的会采取一些不正当的竞争手段，尊重竞争对手的伦理氛围尚未建立起来。因此，当员工观察到企业指向竞争者的不道德行为时，并不认为这是不道德行为，或者虽然认为这是不道德行为，但是没有能够激发出自己的道义状态，因而没有产生惩罚或不满的意愿，也就不会表现出积极行为的减少。对员工而言客户指向、社会指向和环境指向不道德行为属于典型的违反企业社会责任的行为，会激发员工的道德义务状态，合作者指向的不道德行为，违反了中国传统中对待合作伙伴的道义，也容易激发员工的道义状态；同事指向的不道德行为对员工而言同事的遭遇，就如同自身的遭遇，也会激发出道义状态。因此，这些行为会激发产生惩罚的意愿，表现出积极行为的减少。

客户指向不道德行为对员工不良行为作用显著（P < 0.001），假设 H2a 的到支持；合作者指向不道德行为对员工不良行为作用显著（P < 0.001），假设 H2b 得到支持；社会指向不道德行为对员工不良行为作用不显著，假设 H2c 没有得到支持；环境指向不道德行为对员工不良行为作用不显著，假设 H2d 没有得到支持；竞争者指向不道德行为对员工不良行为作用不显著，假设 H2e 没有得到支持；同事指向不道德行为对员工不良行为作用显著（P < 0.001），假设 H2f 得到支持。

对于三个假设没有得到支持，原因可能在于激发的道义状态（denotic state）不足。Folger（2001）在对旁观者惩罚机制的论述中提出，旁观者在观察到不道德行为时，会激发旁观者的道义状态，这种状态会促使个体做出行动来恢复公正，道义状态的强度会影响个体惩罚行为。从影响员工不良行为的不道德行为指向对象来看，客户、同事甚至合作者对员工而言具有重要的意愿。尊重客户是企业的核心社会责任之一，随着企业社会责任运动的发展，尊重客户成为了员工的一项共识，因而当员工旁观到组织对客户的不道德行为时，有可能激发较为强烈的道义状态。同样，在中国传统文化中合作者是朋友，组织的合作者指向不道德行为，违背了中国的传统道德观念，也可能激发较为强烈的道义状态。而同事与自己有着密切的关系，所以同事指向的不道德行为，会让员工有生同感受的体会，也会激发员工较为强烈的道义状态。这类强烈的道义状态，会让员工产生更为强烈的惩罚意愿，因此，员工会表现出不良行为。

接着把组织不道德行为作为二阶因子，利用结构方程（SEM）检验组织不道德行为对员工在职行为的影响。结果表明，作为二阶因子的组织不道德行为对员工积极行为影响显著（$\gamma = -0.52$，$P < 0.001$），对不良行为的影响也显著（$\gamma = 0.44$，$P < 0.001$）。

5.6　整体公正感中介效应检验

5.6.1　组织第三方指向不道德行为对整体公正感的影响

接下来检验组织不道德行为对整体公正感的影响，利用 Amos20.0 工具计算，结果如表 5.15 所示。

表 5.15　　　　　组织第三方指向不道德行为
对整体公正感检验结果（N = 255）

假设	参数	路径系数	T 值
H3a	γ_1	-0.47	-4.35
H3b	γ_2	-0.45	-3.29
H3c	γ_3	-0.40	-2.67
H3d	γ_4	-0.28	-2.13
H3e	γ_5	-0.09	-1.56
H3f	γ_6	-0.59	-4.97

数据分析结果显示，客户指向不道德行为对整体公正感有显著负向影响（P<0.001），假设 H3a 得到支持；合作者指向不道德行为对整体公正感有显著负向影响（P<0.001），假设 H3b 得到支持；社会指向不道德行为对整体公正感有显著负向影响（P<0.01），假设 H3c 得到支持；环境指向不道德行为对整体公正感有显著负向影响（P<0.05），假设 H3d 得到支持；竞争者指向不道德行为对整体公正感没有影响，假设 H3e 没有得到支持；同事指向不道德行为对整体公正感有显著负向影响（P<0.001），假设 H3f 得到支持。

竞争者指向不道德行为对整体公正感没有产生影响，这与研究者的假设不符，究其原因可能在于，在当前的中国，企业处于激烈的竞争之中，企业和员工都有很大的生存压力，因而竞争之中采取非常手段并非罕见。对员工而言，在观察到指向竞争者的不道德行为时，并不认可这一行为是不公正的，因此，竞争者指向不道德行为对整体公正感的判断并没有显著影响。

接着研究者把组织不道德行为作为二阶因子，利用结构方程（SEM）检验组织不道德行为对整体公正感的影响。结果表明，作为二阶因子的组织不道德行为对整体公正感影响显著（$\gamma = -0.61$，$P < 0.001$）。

从研究结果看，大部分假设得到了支持，说明组织第三方指向不道德行为各个维度对员工整体公正感有负向影响，而且二阶结构的组织第三方指向不道德行为对员工整体公正感影响也显著。

5.6.2 员工整体公正感对在职行为影响

下面检验员工整体公正感对员工在职行为的影响，同样利用 Amos20.0 作为工具，计算结果如表 5.16 所示。

表 5.16   员工整体公正感对在职行为检验结果（N = 255）

假设	参数	路径系数	T 值
H4	γ_1	0.46	3.52
H5	γ_2	-0.55	-4.41

从结果可以看出，整体公正感对员工的积极行为有显著正向影响（P < 0.001），即整体公正感越高的员工，更容易表现出积极行为，假设 H4 得到支持。整体公正感对员工不良行为有显著负向影响（P < 0.001），即整体公正感越高，不良行为越少，假设 H5 得到支持。

5.6.3   整体公正感的中介效应

在管理学中常用的中介效应检验方法有 Baron & Kenny 的层级回归法、Sobel 检验法、自抽样法和时间延迟法。时间延迟法需要纵贯数据，Baron 和 Kenny 的层级回归法不能很好地处理潜变量，而乘积项分布一般不符合 Sobel 检验法的要求，因而在本研究中采用自抽样法。具体而言，采用 Zhang、Zyphur & Preacher（2009）和 Preacher, Zyphur & Zhang（2010）推荐的方法，利用 Mplus7.0 进行中介效应分析。表 5.17 为整体公正感中介组织不道德行为对员工积极行为检验结果。

表 5.17   整体公正感中介组织不道德行为对员工积极行为作用（N = 255）

假设	path a	path b	间接效应 [90%，CI]
H6a	-0.482 (0.109)	0.321 (0.131)	-0.154** [-0.384, -0.061]
H6b	-0.435 (0.139)	0.238 (0.142)	-0.104* [-0.278, -0.072]
H6c	-0.456 (0.151)	0.317 (0.120)	-0.145* [-0.273, -0.026]
H6d	-0.314 (0.138)	0.353 (0.115)	-0.111* [-0.382, -0.059]
H6e	-0.105 (0.057)	0.232 (0.103)	-0.024 [-0.039, 0.013]
H6f	-0.632 (0.117)	0.310 (0.135)	-0.219** [-0.517, -0.103]

注：* P < 0.05，** P < 0.01。

从结果来看，整体公正感对客户指向不道德行为与员工积极行为关系的中介效应显著，假设 H6a 得到支持；整体公正感对社会指向不道德行为与员工积极行为关系的中介效应显著，假设 H6b 得到支持；整体公正感对合作者指向不道德行为与员工积极行为关系的中介效应显著，假设 H6c 得到支持；整体公正感对环境指向不道德行为与员工积极行为关系的中介效应显著，假设 H6d 得到支持；整体公正感对同事指向不道德行为与员工积极行为关系的中介效应显著，假设 H6f 得到支持。整体公正感对竞争者指向不道德行为与员工积极行为关系的中介效应不显著假设 H6e 没有得到支持。

表 5.18 为整体公正感中介组织不道德行为对员工不良行为作用检验结果。

表 5.18　　　　　整体公正感中介组织不道德行为对员工
不良行为作用 （N = 255）

假设	path a	path b	间接效应 ［90%，CI ］
H7a	-0.471 (0.119)	-0.337 (0.119)	0.159 ** ［0.031，0.330］
H7b	-0.396 (0.101)	-0.382 (0.136)	0.151 ** ［0.027，0.319］
H7c	-0.401 (0.137)	-0.239 (0.169)	0.096 ［-0.011，0.186］
H7d	-0.322 (0.142)	-0.187 (0.079)	0.060 ［-0.031，0.102］
H7e	-0.089 (0.066)	-0.236 (0.104)	0.021 ［-0.012，0.037］
H7f	-0.673 (0.129)	-0.278 (0.084)	0.187 * ［0.043，0.389］

注：*P < 0.05，**P < 0.01。

整体公正感对客户指向不道德行为与员工不良行为关系的中介效应显著，假设 H7a 得到支持；整体公正感对客户指向不道德行为与员工不良行为关系的中介效应显著，假设 H7b 得到支持；整体公正感对同事指向不道德行为与员工不良行为关系的中介效应显著，假设 H7f 得到了支持。

整体公正感对社会指向不道德行为与员工不良行为关系的中介效应不显著，假设 H7c 没有得到支持；整体公正感对环境指向不道德行为与员工不良行为关系的中介效应不显著，假设 H7d 没有得到支持；整体公正感对竞争者指向不道德行为与员工不良行为关系的中介效应不显著，假设 H7e 没有得到支持。

5.7 调节效应检验

以下将检验移情对组织不道德行为与员工在职行为关系的调节作用，把组织不道德行为看做是一个二阶因子结构。之前的研究已经证明了作为二阶因子的组织不道德行为对员工整体公正感、在职行为有显著影响，所以先检验移情对组织不道德行为与员工在职行为关系的调节作用。

5.7.1 移情对组织第三方指向不道德行为与员工在职行为关系的调节

检验移情对组织不道德行为与员工在职行为关系的调节作用时，利用 SPSS20.0 软件，采用层级回归的方法。检验结果如表5.19 所示。

表 5.19　　移情对组织第三方指向不道德行为与员工积极行为关系调节作用（N = 255）

变量	积极行为			
	M1	M2	M3	M4
截距	2.272 *	2.714 *	2.908 *	2.376 *
性别	0.011	0.001	0.005	0.021
年龄	0.032	0.038	0.052	0.059
教育程度	0.028	0.022	0.033	0.020

续表

变量	积极行为			
	M1	M2	M3	M4
第三方指向不道德行为	-0.332^{**}	-0.376^{**}	-0.291^{**}	-0.367^{**}
观点采择	-0.121			
同情关心		-0.103		
个体忧伤			-0.126	
自我想象				-0.093
第三方指向不道德行为×观点采择	-0.232^{**}			
第三方指向不道德行为×同情关心		-0.209^{**}		
第三方指向不道德行为×个体忧伤			-0.194^{*}	
第三方指向不道德行为×自我想象				-0.253^{**}
R^2	0.106	0.112	0.143	0.148
ΔR^2	0.034	0.047	0.058	0.077
F	4.901^{***}	5.217^{***}	6.894^{***}	7.178^{***}

注：$*p<0.05$，$**P<0.01$，$***P<0.001$。

检验结果显示组织第三方指向不道德行为与观点采择的交互效应显著（模型 1，$\gamma = -0.232$，$p<0.01$），假设 H8a 得到支持；组织第三方指向不道德行为与同情关心的交互效应显著（模型 2，$\gamma = -0.209$，$p<0.01$），假设 H8b 得到支持；组织第三方指向不道德行为与个体忧伤的交互效应显著（模型 3，$\gamma = -0.194$，$p<0.05$），假设 H8c 得到支持；组织第三方指向不道德行为与自我想象的交互效应显著（模型 4，$\gamma = -0.253$，$p<0.01$），假设 H8d 得到支持。

为进一步表示调节效应，依据刘军、刘小禹（2008）介绍的方法绘制调节效应图，各调节效应图如图 5.2 ～图 5.5 所示。

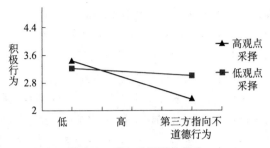

图 5.2　观点采择调节效应

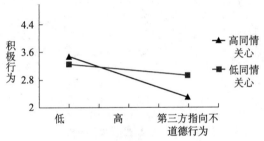

图 5.3　同情关心调节效应

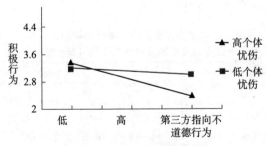

图 5.4　个体忧伤调节效应

从上面调节效应图可以看出，观点采择、同情关心、个体忧伤、自我想象不同的员工，在面对组织不道德行为时表现出积极行为的不同。组织第三方指向不道德行为对高观点采择、高自我想象、高同情关心、高个体忧伤员工积极行为的影响强于低观点采择、低自我想象、低同情关心、低个体忧伤能力的员工。高观点采择、高自我想象、高同情关心、高个体忧伤员工在面对组织第三方指向不道德行为时，积极行为的下降更明显，而低观点采择、低自我想象、低同情关心、低个体忧伤员工在组织第三方指向不道德行为的影响下，积极行为的下降速率不明显。说明了移情能力调节了第三方指向不道德行为对员工积极行为的影响。从调节方向看，观点采择、自我想象、同情关心、个体忧伤都属于增强型调节。

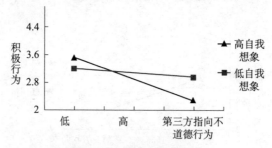

图 5.5　自我想象调节效应

接下来检验移情对组织第三方不道德行为与员工不良行为关系调节作用，计算结果如表 5.20 所示。

表 5.20　　　　　组织第三方指向不道德行为与员工
不良行为关系的移情调节作用（N = 255）

变量	不良行为			
	M1	M2	M3	M4
截距	2.566 *	2.323 *	2.192 *	3.018 *
性别	0.013	0.017	0.013	0.018
年龄	0.021	− 0.016	− 0.014	0.025
教育程度	0.035	0.024	0.033	0.047
第三方指向不道德行为	0.231 **	0.309 **	0.277 **	0.244 **
观点采择	0.061			
同情关心		0.067		

续表

变量	不良行为			
	M1	M2	M3	M4
个体忧伤			0.088	
自我想象				0.083
第三方指向不道德行为 × 观点采择	0.207 *			
第三方指向不道德行为 × 同情关心		0.202 *		
第三方指向不道德行为 × 个体忧伤			0.173 *	
第三方指向不道德行为 × 自我想象				0.164 *
R^2	0.133	0.113	0.121	0.154
ΔR^2	0.061	0.053	0.082	0.079
F	6.343 ***	5.268 ***	5.692 ***	7.524 ***

注：* $p < 0.05$，** $P < 0.01$，*** $P < 0.001$。

检验结果显示组织不道德行为与观点采择的交互效应显著（模型 1，$\gamma = 0.207$，$p < 0.05$），假设 H9a 得到支持；组织不道德行为与同情关心的交互效应显著（模型 2，$\gamma = 0.202$，$p < 0.05$），假设 H9b 得到支持；组织不道德行为与个体忧伤的交互效应显著（模型 3，$\gamma = 0.173$，$p < 0.05$），假设 H9c 得到支持；组织不道德行为与自我想象的交互效应显著（模型 4，$\gamma = 0.164$，$p < 0.05$），假设 H9d 得到支持。

为进一步表示调节效应，依据刘军、刘小禹（2008）介绍的方法绘制调节效应图，各调节效应图如图 5.6 ~ 图 5.9 所示。

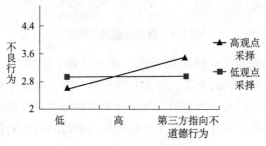

图 5.6　观点采择调节效应

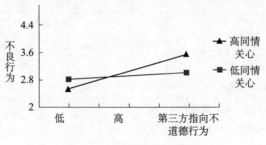

图 5.7 同情关心调节效应

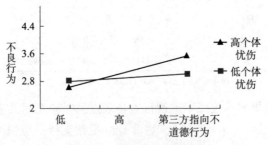

图 5.8 个体忧伤调节效应

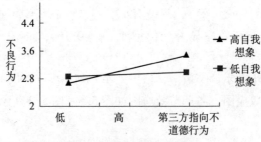

图 5.9 自我想象调节效应

从上面调节效应图可以看出,观点采择、同情关心、个体忧伤、自我想象不同的员工,在面对组织第三方指向不道德行为时表现出不同不良行为。组织第三方指向不道德行为对高观点采择、高自我想象、高同情关心、高个体忧伤员不良行为的影响强于低观点

采择、低自我想象、低同情关心、低个体忧伤能力的员工。高观点
采择、高自我想象、高同情关心、高个体忧伤员工在面对组织第三
方指向不道德行为时，不良行为表现更高，而低观点采择、低自我
想象、低同情关心、低个体忧伤员工在组织第三方指向不道德行为
作用下，不良行为的上升不明显。说明了移情能力调节了组织第三
方指向不道德行为对员工不良行为的影响。从调节方向看，观点采
择、自我想象、同情关心、个体忧伤都属于增强型调节。

5.7.2　移情对组织第三方指向不道德行为与整体公正感关系的调节

接下来检验组织第三方指向不道德行为与整体公正感关系的移
情调节作用，结果如表 5.21 所示。

表 5.21　　　　组织第三方指向不道德行为与整体公正感
关系的移情调节作用（N = 255）

变量	整体公正感			
	M1	M2	M3	M4
截距	3.415 *	4.728 *	3.592 *	3.413 *
性别	0.097	0.010	0.017	0.013
年龄	0.042	0.037	0.033	0.048
教育程度	0.045	0.032	0.040	0.023
第三方指向不道德行为	− 0.391 **	− 0.401 **	− 0.353 **	− 0.316 **
观点采择	− 0.122			
同情关心		− 0.143		
个体忧伤			− 0.127	
自我想象				− 0.146
第三方指向不道德行为 × 观点采择	− 0.262 *			
第三方指向不道德行为 × 同情关心		− 0.254 *		

续表

变量	整体公正感			
	M1	M2	M3	M4
第三方指向不道德行为×个体忧伤			- 0.267*	
第三方指向不道德行为×自我想象				- 0.233*
R^2	0.151	0.119	0.134	0.162
ΔR^2	0.054	0.055	0.073	0.087
F	7.352***	5.581***	6.388***	7.986***

注: $*p < 0.05$, $**P < 0.01$, $***P < 0.001$。

检验结果显示组织第三方指向不道德行为与观点采择的交互效应显著（模型 1, $\gamma = -0.262$, $p < 0.05$），假设 H10a 得到支持；组织第三方指向不道德行为与同情关心的交互效应显著（模型 2, $\gamma = -0.254$, $p < 0.05$），假设 H10b 得到支持；组织第三方指向不道德行为与个体忧伤的交互效应显著（模型 3, $\gamma = -0.267$, $p < 0.05$），假设 H10c 得到支持。组织第三方指向不道德行为与自我想象的交互效应显著（模型 4, $\gamma = -0.233$, $p < 0.05$），假设 H10d 得到支持。

为进一步表示调节效应，依据刘军、刘小禹（2008）介绍的方法绘制调节效应图，各调节效应图如图 5.10 ~ 图 5.13 所示。

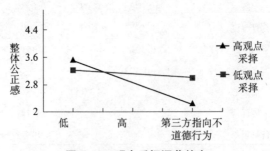

图 5.10 观点采择调节效应

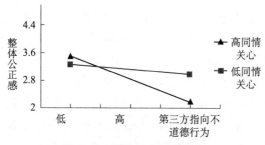

图 5.11 同情关心调节效应

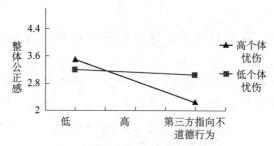

图 5.12 个体忧伤调节效应

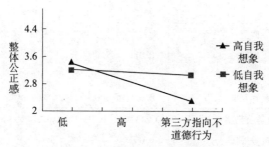

图 5.13 自我想象调节效应

从上面调节效应图可以看出,观点采择、自我想象、同情关心、个体忧伤不同的员工,在面对组织第三方指向不道德行为时表现出不同的整体公正感。组织第三方指向不道德行为对高观点采择、高自我想象、高同情关心、高个体忧伤员工整体感公正感的影响强于低观点采择、低自我想象、低同情关心、低个体忧伤的员工。高观点采择、高自我想象、高同情关心、高个体忧伤员工在观察到组织对第三方的不道德行为时，整体公正感下降明显，而低观点采择、低自我想象、低同情关心、低个体忧伤员工在组织第三方指向不道德行为的作用下，整体公正感下降不明显。综合说明了移情能力调节了组织第三方指向不道德行为对员工整体公正感的影响。从调节方向看，观点采择、自我想象、同情关心、个体忧伤都属于增强型调节。

5.7.3 移情对员工整体公正感与在职行为关系的调节

接下来检验移情对整体公正感与员工积极行为关系的调节作用，结果如表 5.22 所示。

表 5.22   移情对员工整体公正感与积极行为
                    关系的调节作用 （N = 255）

变量	积极行为			
	M1	M2	M3	M4
截距	3.123 *	4.008 *	3.227 *	2.423 *
性别	0.011	0.009	0.001	0.012
年龄	0.036	0.041	0.033	0.039
教育程度	0.028	0.022	0.030	0.024
整体公正感	0.243 **	0.266 **	0.224 **	0.279 **
观点采择	0.092			
同情关心		0.073		
个体忧伤			− 0.018	
自我想象				0.077

续表

变量	积极行为			
	M1	M2	M3	M4
整体公正感×观点采择	0.229*			
整体公正感×同情关心		0.193*		
整体公正感×个体忧伤			−0.056	
整体公正感×自我想象				0.183*
R^2	0.138	0.122	0.131	0.124
ΔR^2	0.056	0.059	0.078	0.020
F	6.621***	5.746***	6.232***	5.848***

注：$*p<0.05$，$**P<0.01$，$***P<0.001$。

检验结果显示整体公正感与观点采择的交互效应显著（模型 1，$\gamma=0.229$，$p<0.05$），假设 H11a 得到支持；整体公正感与同情关心的交互效应显著（模型 2，$\gamma=0.193$，$p<0.05$），假设 H11b 得到支持；整体公正感与个体忧伤的交互效应不显著，假设 H11c 没有得到支持；整体公正感与自我想象的交互效应显著（模型 4，$\gamma=0.183$，$p<0.05$），假设 H11d 得到支持。

为进一步表示调节效应，依据刘军、刘小禹（2008）介绍的方法绘制简单调节效应图，各调节效应图如图 5.14～图 5.16 所示。

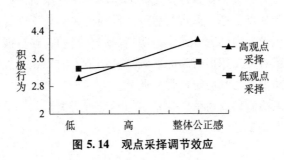

图 5.14　观点采择调节效应

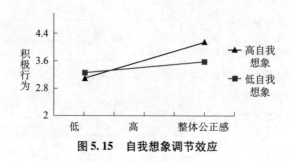

图 5.15   自我想象调节效应

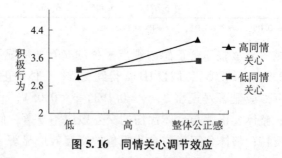

图 5.16   同情关心调节效应

从上面调节效应图可以看出，整体公正感对高观点采择、高自我想象、高同情关心员工积极行为的影响强于低观点采择、低自我想象、低同情关心、低个体忧伤的员工。高观点采择、高自我想象、高同情关心员工在整体公正感的作用下，积极行为的上升速率更高。而低观点采择、低自我想象、低同情关心员工在整体公正感的作用下积极行为的上升速率不明显。综合说明了移情能力调节了整体公正感对员工积极行为的影响。从调节方向看，观点采择、自我想象、同情关心都属于增强型调节。

接下来检验移情对整体公正感与不良行为关系的调节作用，计算结果如表 5.23 所示。

表 5.23　　　　　　　　移情对整体公正感与不良行为
关系的调节作用（N＝255）

变量	不良行为			
	M1	M2	M3	M4
截距	2.613*	3.233*	3.718*	3.156*
性别	0.013	0.002	0.018	0.009
年龄	0.027	0.014	−0.023	0.013
教育程度	−0.032	−0.021	−0.026	−0.035
整体公正感	−0.307**	−0.242**	−0.283**	−0.255**
观点采择	−0.082			
同情关心		−0.068		
个体忧伤			−0.063	
自我想象				−0.082
整体公正感×观点采择	−0.153*			
整体公正感×同情关心		−0.164*		
整体公正感×个体忧伤			−0.084	
整体公正感×自我想象				−0.127*
R^2	0.127	0.109	0.118	0.137
ΔR^2	0.037	0.035	0.058	0.027
F	6.012***	5.057***	5.527***	6.563***

注：*$p < 0.05$，**$P < 0.01$，***$P < 0.001$。

　　检验结果显示整体公正感与观点采择的交互效应显著（模型 1，$\gamma = -0.153$，$p < 0.05$），假设 H12a 得到支持；整体公正感与同情关心的交互效应显著（模型 2，$\gamma = -0.164$，$p < 0.05$），假设 H12b 得到支持；整体公正感与个体忧伤的交互效应不显著，假设 H12c 没有得到支持；整体公正感与自我想象的交互效应显著（模型 4，$\gamma = -0.27$，$p < 0.05$），假设 H12d 得到支持。

　　为进一步表示调节效应，依据刘军、刘小禹（2008）介绍的方法绘制简单调节效应图，各调节效应图如图 5.17～图 5.19 所示。

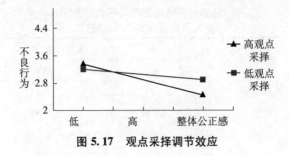

图 5.17　观点采择调节效应

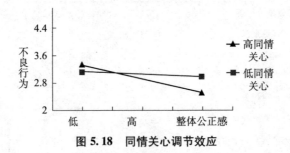

图 5.18　同情关心调节效应

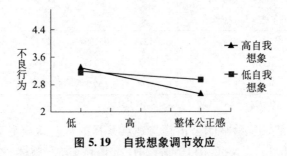

图 5.19　自我想象调节效应

　　从上面调节效应图可以看出，整体公正感对高观点采择、高自我想象、高同情关心员工不良行为的影响强于低观点采择、低自我想象、低同情关心的员工。高观点采择、高自我想象、高同情关心员工在整体公正感的作用下，不良行为的下降速率更高。而低观点采择、低自我想象、低同情关心员工在整体公正感的作用下，积极行为的下降速率不明显。综合说明了移情能力调节了整体公正感对员工不良行为的影响。从调节方向看，观点采择、自我想象、同情关心都属于增强型调节。

从调节效应图可以看出，整体公正感对高移情能力个体不良行为的影响强于低移情能力员工，高移情员工不良行为的下降速率更高，高移情员工不良行为与低移情员工不良行为表现有明显区别，说明了移情能力对整体公正感与员工不良行为关系有调节作用。从调节方向来看，移情能力对二者关系的调节是增强型调节。

5.8 本章小结

本章的主要工作是数据的初步处理和假设检验。在数据的收集中采用了网络收集的方式，为数据的收集和统计提供了极大的便利。各量表结果信度和效度分析后，都符合研究的要求，并且各变量间有很好的区分度。初步的相关分析表明，各变量间相关关系与研究假设基本吻合，说明本研究假设和理论模型的构建是合理的，为后续的假设验证提供了基础。

接着对第 4 章提出的研究假设进行了验证，在验证中利用了 SPSS20.0、Mplus7.0 等工具。计算结果表明大部分假设得到了支持。具体见表 5.24。

表 5.24　　　　　　　　假设研究结果

假设集	假设	验证结果
H1：组织不道德行为对员工积极行为有负向影响	H1a：客户指向不道德行为对员工积极行为有负向影响	支持
	H1b：合作者指向不道德行为对员工积极行为有负向影响	支持
	H1c：环境指向不道德行为对员工积极行为有负向影响	支持
	H1d：社会指向不道德行为对员工积极行为有负向影响	支持
	H1e：竞争者指向不道德行为对员工积极行为有负向影响	不支持
	H1f：同事指向不道德行为对员工积极行为有负向影响	支持

续表

假设集	假设	验证结果
H2：组织不道德行为对员工不良行为有正向影响	H2a：客户指向不道德行为对员工不良行为有正向影响	支持
	H2b：合作者指向不道德行为对员工不良行为有正向影响	支持
	H2c：环境指向不道德行为对员工不良行为有正向影响	不支持
	H2d：社会指向不道德行为对员工不良行为有正向影响	不支持
	H2e：竞争者指向不道德行为对员工不良行为有正向影响	不支持
	H2f：同事指向不道德行为对员工不良行为有正向影响	支持
H3：组织不道德行为对员工整体公正感有负向影响	H3a：客户指向不道德行为对员工整体公正感有负向影响	支持
	H3b：合作者指向不道德行为对员工整体公正感有负向影响	支持
	H3c：社会指向不道德行为对员工整体公正感有负向影响	支持
	H3d：环境指向不道德行为对员工整体公正感有负向影响	支持
	H3e：竞争者指向不道德行为对员工整体公正感有负向影响	不支持
	H3f：同事指向不道德行为对员工整体公正感有负向影响	支持
	H4：整体公正感对员工积极行为有正向影响	支持
	H5：整体公正感对员工不良行为有负向影响	支持
H6：整体公正感中介了组织不道德行为与员工积极行为间关系	H6a：整体公正感中介了客户指向不道德行为对员工积极行为的影响	支持
	H6b：整体公正感中介了合作者指向不道德行为对员工积极行为的影响	支持
	H6c：整体公正感中介了社会指向不道德行为对员工积极行为的影响	支持
	H6d：整体公正感中介了环境指向不道德行为对员工积极行为的影响	支持
	H6e：整体公正感中介了竞争者指向不道德行为对员工积极行为的影响	不支持
	H6f：整体公正感中介了同事指向不道德行为对员工积极行为的影响	支持

续表

假设集	假设	验证结果
H7：整体公正感中介了组织不道德行为对员工不良行为的影响	H7a：整体公正感中介了客户指向不道德行为对员工不良行为的影响	支持
	H7b：整体公正感中介了合作者指向不道德行为对员工不良行为的影响	支持
	H7c：整体公正感中介了社会指向不道德行为对员工不良行为的影响	不支持
	H7d：整体公正感中介了环境指向不道德行为对员工不良行为的影响	不支持
	H7e：整体公正感中介了竞争者指向不道德行为对员工不良行为的影响	不支持
	H7f：整体公正感中介了同事指向不道德行为对员工不良行为的影响	支持
H8：移情调节了组织第三方指向不道德行为与员工积极行为关系	H8a：观点采择调节了组织第三方指向不道德行为与员工积极行为关系	支持
	H8b：同情关心调节了组织第三方指向不道德行为与员工积极行为关系	支持
	H8c：个体忧伤调节了组织第三方指向不道德行为与员工积极行为关系	支持
	H8d：自我想象调节了组织第三方指向不道德行为与员工积极行为关系	支持
H9：移情调节了组织第三方指向不道德行为与员工不良行为关系	H9a：观点采择调节了组织第三方指向不道德行为与员工不良行为关系	支持
	H9b：同情关心调节了组织第三方指向不道德行为与员工不良行为关系	支持
	H9c：个体忧伤调节了组织第三方指向不道德行为与员工不良行为关系	支持
	H9d：自我想象调节了组织第三方指向不道德行为与员工不良行为关系	支持

假设集	假设	验证结果
H10：移情调节了组织第三方指向不道德行为与整体公正感关系	H10a：观点采择调节了组织第三方指向不道德行为与整体公正感关系	支持
	H10b：同情关心调节了组织第三方指向不道德行为与整体公正感关系	支持
	H10c：个体忧伤调节了组织第三方指向不道德行为与整体公正感关系	支持
	H10d：自我想象调节了组织第三方指向不道德行为与整体公正感关系	支持
H11：移情对员工整体公正感与员工积极行为关系有调节作用	H11a：员工整体公正感对员工积极行为的影响受到观点采择的调节	支持
	H11b：员工整体公正感对员工积极行为的影响受到同情关心的调节	支持
	H11c：员工整体公正感对员工积极行为的影响受到个体忧伤的调节	不支持
	H11d：员工整体公正感对员工积极行为的影响受到自我想象的调节	支持
H12：移情对员工整体公正感与员工不良行为关系有调节作用	H12a：员工整体公正感对员工不良行为的影响受到观点采择的调节	支持
	H12b：员工整体公正感对员工不良行为的影响受到同情关心的调节	支持
	H12c：员工整体公正感对员工不良行为的影响受到个体忧伤的调节	不支持
	H12d：员工整体公正感对员工不良行为的影响受到自我想象的调节	支持

假设检验结果表明，除了竞争者指向不道德行为（H1e）之外，组织其他指向的不道德行为对员工积极行为影响显著。而对不良行为的影响中，只有组织客户指向（H2a）、合作者指向（H2b）、同事指向（H2f）不道德行为对员工不良行为影响显著，其他指向的不道德行为对员工不良行为并没有显著影响，表明员工

观察到的组织不道德行为不同维度对员工积极行为、不良行为的影响有所不同。但是把组织第三方指向不道德行为看作一个二阶结构，采用结构方程进行检验时，组织第三方指向不道德行为对员工积极行为和不良行为影响都显著。

研究者基于公平启发式预测组织不道德行为会对整体公正感产生负向作用，除了竞争者指向不道德行为对员工整体公正感有负向影响（H3e）这一假设没有得到支持外，其余假设都得到了支持。同样，把组织第三方指向不道德行为看作一个二阶结构，采用结构方程进行检验时，组织第三方指向不道德行为对整体公正感影响显著。

对中介作用的检验表明，大部分中介效应得到了支持。假设H6e、H7c、H7d、H7e没有得到支持。对此是由于对应的假设H1e、H2c、H2d、H2e没有得到支持，这一结果表明没有发现"无有关系的中介"。

调节效应的检验结果表明大部分假设都得到了支持，表明移情能力确实对组织第三方指向不道德行为与员工积极行为、不良行为关系，组织第三方指向不道德行为与员工整体感关系，员工整体公正感与员工积极行为、不良行为关系有调节作用。

第 6 章

结论与研究展望

　　本章将基于实证研究的结果，总结本书的研究结论，并结合理论对本书的研究结论进行解释。在此基础上，提出本书研究的理论价值和实践贡献，并进一步阐明本书研究的局限和未来的研究展望。

　　本书以员工为旁观者，研究了组织第三方指向不道德行为对员工在职行为的影响及其机理。首先，通过文献分析、实地访谈等方法，依照量表开发的一般程序开发了组织不道德行为量表。其次，利用所开发的组织不道德行为量表，研究了不同指向的组织不道德行为对员工积极行为、不良行为的直接影响。再次，以整体公正感为中介，研究了组织第三方指向不道德行为通过整体公正感的中介作用对员工积极行为、不良行为的间接影响及其作用机制。最后，考察了个体移情能力对组织指向第三方不道德行为与员工积极行为、不良行为关系的调节作用；个体移情能力对组织指向第三方不道德行为与整体公正感关系的调节作用；个体移情能力对整体公正感与员工积极行为、不良行为关系的调节作用。本书的理论基础和研究假设主要源于公正义务论和公平启发式。实证检验结果表明，大部分假设得到了支持。

6.1　研究结论

6.1.1　组织不道德行为量表维度构成

本书通过对以往研究文献的梳理、分析并采用实地访谈等方法，在界定组织不道德行为概念的基础上，采用量表开发的一般方法，完成了对组织不道德行为量表的开发。经过数据验证，该测量量表具有较好的信度和效度。主要有以下结论。

结论 1　组织不道德行为量表由六个维度构成。

组织不道德行为的六个维度分别是，客户指向不道德行为、环境指向不道德行为、社会指向不道德行为、合作者指向不道德行为、竞争者指向不道德行为和员工指向不道德行为。

本书在相关理论的基础上，通过实地访谈，形成了组织不道德行为的六维度结构。相比较于以前的研究，在维度划分上更加完整、合理。对组织不道德行为的测量虽然有学者开发出专门的量表，但是并不能够很好地测量组织不道德行为，并没有获得学术界的认可。而且所开发的量表都是基于西方情境，无法适用于中国情境。比如，Newstrom & Ruch（1975）开发了一个单维度的测量工具，用 17 个条目来进行组织不道德行为的测量，但是这一测量方法只包含了部分组织的不道德行为，而且在条目的选择中并不透明，难以令人信服。Kaptein（2008）基于前人的研究，开发了一个五维度的组织不道德行为测量工具，但是同样存在不够完整的问题，缺乏对合作者指向不道德行为的测量。而且，该量表中的一些题目并不适合中国国情，比如量表中有关政治捐献的题目。

本书在梳理、借鉴以前文献的基础上，结合实地访谈方法，获取大量的相关条目，通过对条目进行筛选、合并、删减后，结合理论和探索性研究提出了六维度组织不道德行为量表，并且经过验证性研究进行检验。研究结果表明，所开发的量表是由六维度构成，六个维度分别是客户指向不道德行为、环境指向不道德行为、社会指向不道德行为、合作者指向不道德行为、竞争者指向不道德行为和员工指向不道德行为。所开发的组织不道德行为量表，在内容构成上更加完整，也更符合中国的实际情况。而且经过信度和效度的检验具较好的信度和效度，各维度的信度、AVE 都高于临界值，而且进一步的研究表明，量表具有二阶结构。因此，该量表可以根据研究者的需要既可以单独使用某一份量表，也可以把组织不道德行为作为一个二阶因子结构使用整个量表，为组织不道德行为的研究提供了基础。

6.1.2 组织第三方指向不道德行为对员工在职行为影响

本书基于公正义务论（Folger，2001）和公平启发式理论（Lind，2001a），研究了组织第三方指向不道德行为对员工积极行为、不良行为的影响，得出以下结论。

结论 2 组织第三方指向不道德行为通过两条路径作用于员工在职行为。

组织第三方指向不道德行为影响员工在职行为的路径有两条：一条是基于公正义务论的直接作用路径；另一条是通过整体公正感中介的间接作用路径。公正义务论（Folger，2001）指出，旁观者在观察到不道德行为时，会做出对不道德行为实施者的惩罚，以达到恢复公正的目的。公正义务产生的一个基础是道义感情（deontic emotions），道义情感源于个体对公平对待自己和他人才是符合道德要求的假设，人们不仅会因为公平是"应当的事"而被激励从事公平行为，而且也会由于违反道德规范的不公正后果而受到触动（R. Folger & R. Cropanzano，2002）。人们在观察到违反道德标准的行为时，之所以会激发个体的道义情感反应是因为这种违反道德标准的行为是对个体所遵守的隐涵社会规范的一种公然挑战（R. Folger & R. Cropanzano，2002；L. Montada，1998）。个体对违反道德行为的道义反应会激发个体对那些应当承担责任的个人和组织进行惩罚，以保证道德规则的不可侵犯性（R. Folger，1998；R. Folger & R. Cropanzano，2002；R. Folger，R. Cropanzano & B. Goldman，2005）。

公正义务论（Folger，2001）解释了旁观者对其他人遭受不当对待时的反应。这一模型强调了旁观者会依据个体所持有的道德规范标准，对违反道德标准的行为进行评判，形成对观察到的不道德事件的反应，而不只是对自己遭受不公平后果的反应。当然，公正义务模型并非唯一从公平动机来解释个体对他人经历的不公平反应的模型。

后续的研究表明，在旁观者与不道德行为的实施者之间处于一种不平等地位时旁观者不一定会采取惩罚来恢复公正感（R. L. Greenbaum，M. B. Mawritz & D. M. Mayer，2013）。在本研究中员工与组织相比，处于弱势地位，员工更多地选择了减少积极性来表达对组织的不满，这一研究结果支持了个体关心公正的道义观点，但同时表明在旁观者与施害者处于不平等地位时，旁观者不一定会采取直接的惩罚行为来恢复公正感。

另一条路径是基于公平启发式（Lind，2001）。公平启发式指出，个体的整体公正感可以来自对组织如何对待他人的评价，所以组织第三方指向不道德行为会影响员工的整体公正感，员工整体公正感进而影响到员工在职行为，整体公正感起到了中介作用。整体公正感反映了员工对组织是否公正的整体判断，Colquitt & Shaw（2005）认为员工对实体的整体评价，可能源于自己的亲身感受和体验，也可能来自对他人经历的观察和体会而形成对实体的整体公正评价。而且研究证明，个体的整体公正感可以来自对他人的感受或经历的体验（L. J. Kray & E. Allan Lind，2002；E. A. Lind，L. Kray & L. Thompson，1998）。

　　当员工加入一个组织时，就与组织间形成了合作关系，在这种合作关系中，员工需要判断组织是否会公正的对待自己。依据公平启发式，员工在形成组织是否公正的判断时，往往并不是依据具体事件，比如程序公平、分配公平、互动公平等形成具体的公平判断。而是依据自己能搜集到的信息，从总体上形成组织是否公正的判断，形成了整体公正感（Lind，2001）。整体公正感的形成，并不仅仅依赖于个体的直接感受，不仅会来自他人的评价，比如同事对组织是否公正的评价也会影响到个体的整体公正感，也会受到个体观察到的组织对他人是否公正的影响（J. A. Colquitt & J. C. Shaw，2005）。因此，当个体观察到组织未能公正的对待他人时，比如，对客户的辱虐、破坏环境、对同事的不公等都会导致个体对组织整体公正感评价的下降，导致个体形成组织不公正的判断。本研究结果也证实了个体的公正感不仅来源于自己的感受，也来自组织如何对待他人的感受和体会。

　　研究结果表明，整体公正感对员工积极行为、不良行为都存在显著作用。从结果可以看出，整体公正感对员工的积极行为有显著正向影响，即整体公正感越高的员工，更容易表现出积极行为。整体公正感对员工不良行为有显著负向影响，即整体公正感越低，更容易表现出不良行为。对公正的研究表明，组织公正与否对员工行为的影响主要基于两大机制：一是出于互惠规范、社会交换的影响，员工会依据组织是否会公正地与自己进行交换而决定自己的行为（J. A. Colquitt，D. E. Conlon，M. J. Wesson，C. Porter & K. Y. Ng，2001）。当个体认为组织是公正的，能够与自己进行公正的交换时，个体会积极工作、提高自己的绩效、表现出更多的组织公民行为，因为个体认为公正的组织会给予自己合理、公正的回报。当组织不够公正时，个体出于对组织是否能给予自己公正合理回报的会表现担心同时会减少自己的积极行为。二是基于情感的公正解释机制认为，个体的行动会受到个体情绪的影响，当个体判断组织的行为违反了社会规范时，会导致个体产生对组织的不满与愤恨，导致个体情感的不适，个体为了缓解自己情感的不适，会改变自己的行动，比如减少对组织有益的行动，增加对组织不利的行动等（J. A. Colquitt, B. A. Scott, J. B. Rodell, D. M. Long, C. P. Zapata, D. E. Conlon & M. J. Wesson, 2013）。本书研究结果支持了基于情感的公正解释机制，当员工观察到组织的不道德行为时，会激发员工的负面情绪，这种负面情绪会导致员工积极行为的减少和不良行为的增加。

总体而言，整体公正感中介了组织不道德行为对员工积极行为、不良行为的影响，整体公正感的中介作用明显。证实了组织第三方指向不道德行为影响员工在职行为的中介路径。

结论 3　组织第三方指向不道德行为负向影响员工积极行为、正向影响员工不良行为，但影响不同。

从上述研究结果不难看出，组织第三方指向不道德行为各个维度对员工积极行为、不良行为的影响有显著差异。大部分不道德行为（除了竞争者指向）都对员工的积极行为有负向作用，而对不良行为的影响相对有限，只有客户指向、合作者指向和同事指向不道德行为对员工不良行为有影响。

对这种差异形成的原因，研究者认为与员工对风险成本的计算，员工所激发出的道义状态强度有关。虽然基于公正义务论（R. Folger, 2001）的相关研究表明，个体会为了维护"公正"，采取惩罚违反公正义务的一方（R. Folger & R. Cropanzano, 2002; R. Folger & D. P. Skarlicki, 2005; E. E. Umphress, A. L. Simmons, R. Folger, R. Ren & R. Bobocel, 2013）。旁观者看到他人遭受不道德对待时，会激发旁观者的道义反应，对施害者进行惩罚，但是对施害者采取何种惩罚行为，受到旁观者理性和经验分析的影响

（D. P. Skarlicki & D. E. Rupp，2010）。旁观者常用理性分析框架，计算自己所要负担的风险和成本，当旁观者认为自己的风险过大，旁观者会倾向于采取隐蔽、间接的惩罚方式，比如暗中的抵制行为。考虑到员工与组织间的不对称地位关系，员工如果直接采用不良行为表示自己的不满，则员工面临的风险会很高，因此员工倾向于采取隐蔽的方式来进行惩罚，即积极行为的减少，因而组织第三方指向不道德行为对员工不良行为的影响有限。

6.1.3 移情的调节作用

移情是个体具备的一种能力，能够让个体认知他人的情感状态，从他人的视角考虑问题（Batson，1995；王雁飞，2003）认为移情能力能让个体更容易地认识到另一个人的心理需求、情感状态，促进利他和分享等亲社会行为。

结论4 员工移情能力存在显著的调节作用。

第一，移情心理机制的研究表明，个体在观察到他人的不幸遭遇时，会通过观点采择、同情关心、个体忧伤、自我想象产生对他人的情绪共享（C. D. Batson，K. Sager & E. Garst et al.，1997）。当员工观察到组织对第三方的不道德行为时，移情能力会让个体对遭受不幸的个体产生共情，能够体会到不幸个体的伤痛，有一种感同身受的感觉，从而会对不道德行为的实施者——组织产生负面情感。个体的负面情感会增强个体惩罚不道德行为实施者的意愿。因此，具有高移情能力的个体会表现出更强烈的惩罚意愿。本研究实证结果表明，在旁观到组织对第三方的不道德行为时，具有高移情能力的员工会表现出更少的积极行为和更多的不良行为，表明了移情对组织第三方指向不道德行为与员工在职行为关系的调节作用。

第二，员工的移情能力对组织第三方指向不道德行为与整体公正感关系也存在调节作用。整体公正感是员工对组织公正性的总体判断，其形成基础在于对组织的行为是否符合社会规范的判断。当组织表现出不道德行为时，其行为往往违反了一定的社会规范。但是移情能力的不同，会让个体感受到不同的社会规范违反程度。当员工观察到组织的不道德行为时，具备高移情能力的个体通常更能够体会到遭受不幸一方的痛苦，往往会做出组织违反社会规范程度较高的判断，从而对不道德行为的实施者产生更多的情感愤恨，产生更强烈的组织不公正评价。实证结果表明组织第三方指向不道德行为与观点采择的交互效应显著，观点采择调节了组织不道德行为对员工整体公正感的影响，高观点采择员工在旁观到组织的不道德行为时对组织整体公正感评价更低，不公正感更高。组织对第三方的不道德行为与同情关心的交互效应显著，同情关心调节了组织第三方指向不道德行为对员工整体公正感的影响，高同情关心员工在旁观到组织的不道德行为时对组织整体公正感评价更低，不公正感更高。组织第三方指向不道德行为与个体忧伤的交互效应显著，个体忧伤调节了组织第三方指向不道德行为对员工整体公正感的影响，高个体忧伤员工在旁观到组织第三方指向不道德行为时对组织整体公正感评价更低，不公正感更高。组织第三方指向不道德行为与自我想象的交互效应显著，自我想象调节了组织第三方指向不道德行为对员工整体公正感的影响，高自我想象员工在旁观到组织第三方指向的不道德行为时对组织整体公正感评价更低，不公正感更高。在面对组织第三方指向不道德行为时，不同指向的不道德行为虽然对整体公正感的影响不同，但是具备高移情能力的个体对组织的整体公正感评价更低，移情能力调节了组织第三方指向不道德行为对员工整体公正感的影响。

第三，员工的移情能力对整体公正感与员工在职行为关系有调节作用。情绪是组织活动中的重要因素，他影响到组织内个体的态度和行为反应（S. Fineman，1993）。公正感影响个体行为的一个主要机制是通过个体的情绪反应（A. Barsky & K. Seth, 2007；
R. Cropanzano, J. H. Stein & T Nadisic, 2011；D. De Cremer & K.
Van den Bos, 2007）。情绪评价理论（appraisal theories of emotions）
指出人们常审视自己所处的环境，探查和评估发生的改变
（R. S. Lazarus, 1991；K. R. Scherer, A. E. Schorr & T. E. Johnstone,
2001）。当个体感觉到自己经历的改变与自己的目标有关，影响到
自己的幸福、自我概念、规范体系时就会产生情绪反应
（K. R. Scherer, A. E. Schorr & T. E. Johnstone, 2001）。当个体感觉
到自己的经历能够促进自己目标的实现时会激发积极情绪，而自己
的经历阻碍目标的实现时会激发负面的情绪。基于情绪评价理论
（Lazarus, 1991；Scherer, Schorr & Johnstone, 2001）的研究表明，
整体公正感能够激发个体的积极情绪，同时减少个体的负面情绪
（L. Barclay & T. Kiefer, 2014）。公正感能够实现个体的多种心理需
求和心理关注（D. E. Rupp, 2011），特别能满足与控制、归属、自
尊和生存意义相关的心理需求（Cropanzano et al., 2001）。移情是
个体理解他人情感反应的能力，高移情者具备理解他人处境，换位
思考的特征。因此高移情个体在面对组织公正时能够更加客观、合
理的评价组织公正，更容易产生积极情绪，不良情绪也会减少，从
而表现出更多的积极行为和更少的不良行为。研究结果也证实了移
情能力对整体公正感与员工在职行为间关系的调节作用。

　　个体忧伤在整体公正感与员工积极行为、不良行为间的调节作
用没有得到支持。对此，也比较容易理解。个体忧伤是移情者在观
察到被移情者的不幸处境时产生的自我忧伤情绪，如恐惧、紧张、
焦虑等。这些情绪并不能强化整体公正感对积极情绪的激发作用，
也不能促进整体公正感对负面情绪的抑制，因而对整体公正感与员
工积极行为、不良行为间关系没有调节作用。总体而言，移情具有
显著的调节作用。

6.2　理论贡献与管理建议

6.2.1　理论贡献

本书以员工为旁观者，基于公正义务论（Folger，2001），揭示出组织第三方指向不道德行为影响员工在职行为的直接路径，以及基于公平启发式（Lind，2001）揭示出组织第三方指向不道德行为通过员工整体公正感影响员工在职行为的间接路径。结合公平启发式理论与公正义务论，提出了研究模型，并且经过实证检验，支持了研究构想。研究结果揭示了组织不道德行为影响旁观者（员工）行为的机理，进一步拓展了公正义务论的理论解释效力。具体理论贡献如下。

6.2.1.1　构建并开发了组织不道德行为测量工具

组织不道德行为是组织行为学领域研究的主要问题之一。但是，由于对组织不道德行为缺乏有效测量工具，导致了组织不道德行为研究进展缓慢。虽然企业社会责任领域的研究，有较多的指标对企业社会责任履行（缺失）情况进行测量，但是企业社会责任缺失并不能简单等同于组织不道德行为，因而开发组织不道德行为测量工具很有必要性。本书借鉴国外学者对组织不道德行为的研究，采用量表开发的主流方法，通过文献分析、小规模访谈、实证检验等方法构建和开发了组织不道德行为的测量工具。经过研究最终确定，组织不道德行为量表由六个维度构成，并且实证研究表明该量表具有较好的信度和效度。研究结果把组织不道德行为和企业社会责任在理论上进行了区分，为组织不道德行为的研究提供了测量工具，为组织不道德行为的深入研究提供了基础。

6.2.1.2 丰富了公正义务论

公正义务论（R. Folger & R. Cropanzano, 2002）认为，个体在观察到不道德行为时，会出于公正的道义而作出惩罚施害者的行为，这一观点也得到了后续实证研究的支持。公正义务论在提出时，主要采用了实验的方法进行了研究，在研究中参与者之间处于平等关系，这是公正义务论暗含的假设，即旁观者与受害者、施害者没有关系且相互平等。在旁观者与受害者、施害者没有关系的前提下，公正义务论认为旁观者会采取惩罚施害者的行为。然而，后续的研究表明，旁观者除了对施害者进行惩罚之外，还有可能帮助受害者，特别是当旁观者与受害者有一定的关系时，比如有很好的私人同事关系，旁观者就会表现出对受害者帮助的行为（M. Priesemuth, 2013）。但是，没有研究考察当旁观者与施害者处于不平等地位时旁观者是否会表现出惩罚行为。比如员工处于弱势、组织处于强势时，员工是否会表现出惩罚行为，即在旁观者与施害者存在不平等关系时旁观者的行为是否还符合公正义务论的预测，在这种不平等关系下，公正义务论是否仍然适用有待研究。本书对员工旁观到组织不道德行为时在职行为变化进行了研究，考察了当旁观者与施害者处于不平等关系时（员工处于弱势、组织处于强势）旁观者的反应。研究结果表明，当旁观者与施害者处于不平等的地位，施害者能够控制和影响旁观者时，旁观者（员工）虽然会表现出对施害者（组织）的惩罚行为，但是没有表现出明显的惩罚行为，而是表现为经过理性分析后选择了风险较小的行为，即减少积极行为。研究结果表明，旁观者与施害者的关系会影响到旁观者的行为选择，当旁观者与施害者处于不平等地位，旁观者处于弱势而施害者处于强势时，旁观者不会简单采取惩罚行为，旁观者的行为是经过理性分析后的选择。这一研究发现拓展了公正义务论。

6.2.1.3　揭示了组织第三方指向不道德行为影响员工在职行为的中介机理

现有组织第三方指向不道德行为与员工行为关系的研究中，研究者都采用了公正义务论（Folger，2001）作为理论指导，只研究了组织第三方指向不道德行为对员工的直接作用。缺乏组织第三方指向不道德行为影响员工行为中介机制的研究，员工行为的心理动机没有得到重视被揭示出，组织第三方指向不道德行为影响员工行为的机理还不清楚。本研究借鉴公平启发式、整体公正感的相关研究，以整体公正感为中介，构建了组织第三方指向不道德行为影响员工整体公正感，员工整体公正感影响员工积极行为、不良行为的新路径。研究结果表明，组织第三方指向不道德行为对员工的整体公正感有显著负向影响，当员工观察到组织第三方指向不道德行为时，会产生组织不公正的评价，员工的整体公正感将会下降，整体公正感的下降会导致员工负面情绪的增加和积极情绪的减少。当员工的负面情绪增加时，员工会表现出不良行为，与此同时，当员工的积极情绪减少时，员工会表现出积极行为的减少。实证研究结果证实了组织第三方指向不道德行为通过员工整体公正感影响员工在职行为的作用，这一研究结果揭示了组织第三方指向不道德行为影响员工在职行为的中介机理。

6.2.1.4　探明了移情能力的调节作用

已有研究表明，个体在观察到他人遭受不道德对待时，个体的反应会受到个体特征的影响。比如，高道德成熟度的个体在观察到他人遭受不道德行为时，更容易表现出惩罚施害者或帮助受害者的行为（R. L. Greenbaum, M. B. Mawritz & D. M. Mayer, 2013），表明了个体特征的调节作用。移情作为个体的一项特征，反映了个体对他人遭遇的理解、同情和关注能力，高移情能力的个体往往对他人

的遭遇会表现出感同身受的体验，而感同身受的体验会增加个体的
情感体验，从而会表现出更强的反应。本书研究的实证结果表明，
员工在观察到组织的不道德行为时，移情能力对组织不道德行为与
在职行为的关系、组织不道德行为与整体公正感关系、整体公正感
与在职行为关系有调节作用。具体而言，高移情能力的个体在观察
到组织的不道德行为时会表现出更多的不良行为和更少的积极行
为，更低的整体公正感。移情正向调节了组织整体公正感对员工积
极行为、不良行为的影响，即高移情员工会表现出更高的积极行为
和更少的不良行为。这一研究结果不同于以往移情研究中只研究移
情的直接作用，揭示出了移情的调节作用，是对移情研究的深化。

6.2.1.5　拓展了组织不道德行为的研究视角

组织不道德行为对员工的影响已经有了大量的研究，但是研究
中都采取了二元视角，只关注了组织针对员工的不道德行为，比如
辱虐管理（S. Aryee，Z. X. Chen & L. Sun et al.，2007；
M. S. Mitchell & M. L. Ambrose，2007；B. J. Tepper，2000；2007；
K. L. Zellars，B. J. Tepper & M. K. Duffy，2002；刘小禹、刘军，
2014；毛江华、廖建桥、刘文兴等，2014；王洪青、彭纪生，
2015；吴隆增、刘军、刘刚，2009；吴维库、王未、刘军等，
2012；严丹，2012）对员工的影响。现有研究忽视了员工作为旁观
者，在观察到组织第三方指向不道德行为时的反应。虽然在市场营
销领域中，学者们以三元视角，研究了消费者在观察到企业对员工
的不道德行为时的反应（常亚平、阎俊、方琪，2008；卢东、寇
燕，2010；田志龙、王瑞、樊建锋等，2011），但是在组织不道德
行为与员工行为关系的研究中，从三元视角进行的研究还很缺乏。
随着对组织不道德行为研究的深入，学者们开始关注组织非指向员
工的不道德行为对员工的影响，从三元视角对组织不道德行为与员
工行为关系的研究正在出现（R. L. Greenbaum，M. B. Mawritz &

D. MMayer，2013；M. Priesemuth，2013)，但这类研究还很缺乏，特别是在国内研究中尚未见到。本研究采用了三元视角，以员工为旁观者研究了组织第三方指向不道德行为对员工的影响，结果表明面对组织指向自己之外第三方的不道德行为时，员工会表现出积极行为的减少和不良行为的增加。研究结果拓展了组织不道德行为的研究视角，为组织不道德行为后果的研究和员工行为前因的研究提供了新的思路。

6.2.2　管理建议

本书以员工为旁观者研究了员工观察到组织第三方指向不道德行为时，在职行为的变化，研究结果或能为管理实践提供以下支持。

6.2.2.1　重视第三方指向不道德行为对员工的影响

员工行为对组织有着重要意义，在管理实践中，管理者也非常注重对员工积极行为的激发和不良行为的抑制。经过多年的研究，员工积极行为和不良行为的激发因素、抑制因素都已经基本探明，管理者也针对性地采取了很多措施来激发员工的积极行为，抑制不良行为。比如通过增加员工的公平感，更加的尊重员工，提供良好的薪酬福利待遇等。然而，在管理实践中，一些企业虽然能够表现出关心和尊重员工，也能为员工提供较好的薪酬福利待遇，采取更为人性化的管理方式，但是却不能够善待其他个体或组织。本书研究结果表明，在观察到组织指向自己之外第三方的不道德行为时，员工会产生对组织的不良情绪（A. Falk & S. Fox，2014)，员工的整体公正感会下降，这些会导致员工积极行为的减少和不良行为的增加。但是组织在管理实践中没有关注到自身指向第三方不道德行为对员工的影响，忽视了员工对旁观到的不道德行为的反应。实践和研究结果表明，组织第三方指向不道德行为对员工行为有着显著影响，因而组织应当重视、关注自身非指向员工不道德行为对员工的影响，否则即便是为员工提供很好的薪酬福利待遇也难以有效地提升员工的忠诚度，增加员工的积极行为。

6.2.2.2 善待他人

本书研究结果表明，员工的行为不仅受到组织如何对待自己的影响，也受到组织如何对待他人的影响。如果组织不能够善待他人，也会导致员工对组织整体公正评价较低，从而会影响到员工的积极行为和不良行为。因此，组织应当在管理、经营实践中关注他人的利益，善待他人。只有很好地善待他人才能够有效地提升员工的忠诚度、增加员工的积极行为。然而，在现实中，一些企业只注重了善待自己的员工，却忽视了有道德的对待他人。一些企业的破坏环境、不尊重客户和无序竞争等不道德行为虽然并没有直接指向员工，但是研究结果表明，同样会对员工带来了负面的影响，而且现实中出现的员工揭发行为也表明员工并非沉默的旁观者。因此，研究结果提醒组织，在实践中不仅仅要善待员工，也要善待他人，这样才能更好地减少员工不良行为，激发员工积极行为。

6.2.2.3 提升员工整体公正感

相关研究表明，整体公正感对员工工作满意度，小组认同，个体绩效都有显著影响（Kim & Leung, 2007；Budhwar & Varma, 2012；Whiteside & Barclay, 2013）。本研究结果也表明，整体公正感是影响员工行为的重要前因，对组织而言，提升员工对组织整体公正感的评价是改善员工行为的重要途径。基于公平启发式的研究表明，组织对待他人的行为会影响到个体的整体公正感，整体公正感不仅源于员工的直接公正感受，也来自个体观察到组织如何对待第三方的行为。因此，组织要提高员工的整体公正感，就不仅要考虑到对员工的公正，也要考虑到对第三方的公正。只有公正的对待员工，公正的对待员工之外的第三方，组织才能获得员工的较高的整体公正感评价。

6.3　不足与研究展望

　　本书探讨了组织第三方指向不道德行为对员工行为的影响，在研究中开发了组织不道德行为的测量工具，基于公正义务论（Folger，2001）和公平启发式（Lind，2001a）提出了研究假设。由于本书中采取了员工为旁观者三元视角，虽然在研究中采用了严谨的研究方法，尽可能地保证了研究的科学性。但是，由于研究视角的独特，研究困难较多，限于人力、物力、财力未能妥善解决研究中的一些不足，主要表现在以下五个方面。

　　第一，在研究设计中，采取了横截面数据。虽然在本书研究中，采用了多种方法控制了共线性的问题，实证检验也表明，本研究的共线性问题不严重。但是横截面数据在解释因果关系时，缺乏足够的效力。因此，本书中得出的结论可能并不能完全反映存在的因果关系，在将来的研究中采取纵向研究将更加具备因果关系的解释力和可信度。

　　第二，本书研究结果表明组织第三方指向不道德行为对员工积极行为、不良行为的影响不同，笔者结合已有的研究结果（D. P. Skarlicki & D. E. Rupp，2010）对其原因进行了初步的理论分析，认为是员工理性分析，评估风险和成本后的结果。当员工认为某一行为风险过大、成本过高时就会选择放弃，转而选择风险较低的行为，比如减少积极行为。但这一分析没有深入研究，对其合理性没有进行实证检验，这一论点有效性还有待检验。

　　第三，本书研究中有部分假设没有得到支持。对于其没有得到支持的原因笔者在之前已经做了分析。在分析中，研究者提出了指向不同的不道德行为所激发员工的道义状态不同，道义状态越强惩罚的意愿就越强烈这一观点。但并没有说明指向不同的不道德行为激发的道义状态为何不同，道义状态越强，就会导致惩罚意愿越强也只是假设，并没有经过实证检验。

第四，未深入分析不同类型第三方对员工整体公正感知影响差异。对组织和员工而言，第三方包括个体和组织，其中个体又包括内群体个体和外群体个体。对于这些不同的第三方，即使组织采取的非道德行为相同，员工的整体公平感知也可能不同。但是限于研究条件，本研究未能对个体、组织在遭受同样的不道德行为时为什么不同进行细致讨论。同时对于个体而言，对于内群体和外群体个体在遭受同样的非道德行为，比如对客户的辱虐和对同事的辱虐对员工公正感影响有何不同未能进行深入分析，对这些差异原因和机理未能进行深入探讨，是本研究的不足之一。

第五，在本书研究中，将在职行为划分为积极行为和不良行为两个维度，可能存在缺陷，因为很难排除同一员工在不良行为和积极行为中都会得分较高的现象。此外，积极行为、不良行为的影响因素较多，比如工作满意度等。但是研究中限于条件，未能很好地控制这些变量，也是本书研究的不足之一。

基于上述研究的不足，后续研究还有以下几个方面值得进一步拓展。

一是组织第三方指向不道德行为影响员工行为的机理，还应该进一步拓展。本研究以整体公正感为中介变量，解释了员工观察到的组织不道德行为对员工行为的影响机制。但员工对组织的期望也可能是解释影响机制的另一路径。随着企业社会责任运动的发展，公众、员工都对企业行为有着更高的要求和期望，希望企业能够更加规范有道德的经营。当员工对自己所在组织规范有道德经营的期望不能得到满足时，会形成期望落差，期望落差会引发员工的负面情绪，从而也会影响到员工的积极行为和不良行为。因而从员工期望的视角探索组织第三方指向不道德行为影响员工行为的路径及其机理是未来研究的方向之一。

二是对公正义务论的进一步拓展。公正义务论指出旁观者会对施害者进行惩罚以恢复公正，但是其暗含的假设是旁观者与施害者之间处于平等关系。本研究的结果表明，当旁观者与施害者处于不平等关系时，旁观者不太可能采取直接惩罚行为，而是更多地表现出隐蔽惩罚的行为。这一研究结果表明旁观者与施害者的关系会影响到旁观者行为选择，旁观者惩罚行为选择是多样化的。然而就旁观者与施害者关系对旁观者行为选择的影响还很缺乏，今后的研究可进一步关注这一问题。

三是关注组织第三方指向不道德行为对员工态度的影响。在组织行为学的研究中，员工态度是学者关注的焦点，也是影响员工行为的重要前因变量。本研究重点关注了组织第三方指向不道德行为对员工行为的影响，只研究了组织第三方指向不道德行为对员工整体公正感的影响，缺乏对员工态度影响的关注。今后的研究可以重点拓展这一方面的研究，比如可以研究组织第三方指向不道德行为对员工组织认同、组织承诺等的影响。

四是进一步细分组织指向个体和组织的相同不道德行为对员工整体公正感知有何不同影响，以及组织指向内群体个体和外群体个体的相同不道德行为对员工整体公正感有何影响，并厘清导致整体公正感认知不同的机理是将来努力的研究方向。

五是关注调节因素。本书研究中只考虑了员工移情能力的调节作用，没有研究其他的个体特征是否具有调节作用，但是个体的道德观、价值观可能也会起到调节作用。特别是在中国，组织相对于员工而言具有较高的权威性，员工一般不会主动做出针对组织的不良行为，而且中国员工的道德观可能也不支持"惩恶就是扬善"的论点。个体的道德观、价值观以及不同国家、地区文化对员工行为都会产生显著的作用。本书中重点关注了移情能力对员工反应的调节作用，还有许多因素比如，道德成熟度、儒家价值观、集体主义导向和权力距离等都可能会对组织第三方指向不道德行为与员工行为关系产生调节作用。因此，进一步关注个体差异对组织第三方指向不道德行为与员工行为关系的调节作用是今后进一步研究的又一方向。

六是加强对整体公正感的实证研究。本书研究表明整体公正感对员工积极行为、不良行为有影响。当个体感受到较低的公正感时，会增加个体的消极情绪、降低个体的积极情绪。而且本书研究结果还表明员工对组织整体公正感评价来自组织对待他人的行为，研究结果支持了整体公正感的形成可以来自对他人遭遇的感受这一论点（J. A. Colquitt & J. C. Shaw，2005）。但是，对于整体公正感的作用后果和形成途径的实证研究还很缺乏，加强对整体公正感的实证研究是未来研究的又一方向。

附录1 深度访谈提纲

尊敬的女士/先生：您好！

我们进行的是一项学术研究，希望了解您对企业不道德行为的看法和认识，本次访谈内容绝对保密，只用于学术研究，请您放心！访谈结束后会为您附送小礼品一份！谢谢您的合作！

①企业道德对企业重要吗？

②企业对环境的行为中有哪些不道德行为？

③企业对消费者的行为中有哪些不道德行为？

④企业对员工的行为中有哪些不道德行为？

⑤企业对社会公众的行为中有哪些不道德行为？

⑥企业对合作伙伴的行为中有哪些不道德的行为？

⑦企业对竞争者的行为中有哪些不道德行为？

再次，对您的合作表示衷心的感谢！

附录 2 实证调查问卷（员工用问卷）

尊敬的女生/先生：您好！

首先非常感谢您能够参与完成这份调查问卷。这是一份学术性的调查问卷，问卷的答案无对错之分，请您在仔细阅读问卷后，依据您的理解认真回答。为感谢您的积极配合，我们将为您提供一份小礼品表示谢意！

问卷回答的内容，将只作为学术研究使用，不会用于其他用途，对您个人也无任何影响，资料完全保密，除了作者本人，任何其他人都无法得知您的回答。

第一部分 个人信息

请在下列相关内容的选项上画√。

1. 您的性别：（1）男（2）女

2. 您的年龄：_____

3. 您的婚姻状况：（1）未婚（2）已婚

4. 您的学历：（1）高中及以下（2）专职或高职（3）本科（4）研究生

5. 您单位的性质：（1）国有企业（2）民营企业（3）外资企业（4）其他

6. 单位名称：_____

7. 所在部门：_____

8. 您的工作年限：_____

第二部分 调查问卷

（一）请依据您的观察或感受，对您所在企业的下列行为表现进行回答。

代码	问项	没有 ←—→ 经常						
1	提供虚假信息，欺骗性销售	1	2	3	4	5	6	7
2	泄露客户的隐私信息	1	2	3	4	5	6	7
3	霸王条款	1	2	3	4	5	6	7
4	不遵守或不完全履行与客户的合同	1	2	3	4	5	6	7
5	采用歧视性政策	1	2	3	4	5	6	7
6	不经处理随意排放污染物	1	2	3	4	5	6	7
7	运营中资源消耗大	1	2	3	4	5	6	7
8	不注重节能	1	2	3	4	5	6	7
9	企业对合作者不够公平和尊重	1	2	3	4	5	6	7
10	企业向合作者提供虚假信息	1	2	3	4	5	6	7
11	企业常常不遵守合作伙伴间的协议	1	2	3	4	5	6	7
12	窃取合作者的重要技术	1	2	3	4	5	6	7
13	为赚取利润忽视社会利益	1	2	3	4	5	6	7
14	向政府机构、社会公众提供虚假信息	1	2	3	4	5	6	7
15	尽可能地向社会转嫁经营成本和风险	1	2	3	4	5	6	7
16	暗中诋毁竞争对手	1	2	3	4	5	6	7
17	窃取竞争者的商业机密	1	2	3	4	5	6	7
18	采用行贿的方式进行竞争	1	2	3	4	5	6	7
19	公司未与部分同事签订劳动合同	1	2	3	4	5	6	7
20	未给部分同事购买养老、医疗和失业等社会保险	1	2	3	4	5	6	7
21	一些同事遭受了公司的歧视	1	2	3	4	5	6	7
22	一些同事未享受合法的工资、加班和福利规定	1	2	3	4	5	6	7

（二）请您对下列描述的同意度进行回答

代码	问项	完全不同意←→完全同意						
23	一般来说，这家公司在公平上还是靠得住的	1	2	3	4	5	6	7
24	通常这家公司处理事情的方式是不公平的	1	2	3	4	5	6	7
25	绝大多数情况，这个公司对员工是公平的	1	2	3	4	5	6	7
26	绝大多数员工认为公司是不公平的	1	2	3	4	5	6	7
27	对那些比我不幸的人，我经常有心软和关怀的感觉	1	2	3	4	5	6	7
28	有时候当其他人有困难或问题时，我并不为他们感到很难过	1	2	3	4	5	6	7
29	我的确会投入小说人物中的感情世界	1	2	3	4	5	6	7
30	在紧急状况中，我感到担忧、害怕而难以平静	1	2	3	4	5	6	7
31	看电影或看戏时，我通常是旁观的，而且不经常全心投入	1	2	3	4	5	6	7
32	在做决定前，我试着从争论中去看每个人的立场	1	2	3	4	5	6	7
33	当我看到有人被别人利用时，我有点感到想要保护他们	1	2	3	4	5	6	7
34	当我处在一个情绪非常激动的情况中时，我往往会感到无依无靠，不知如何是好	1	2	3	4	5	6	7
35	有时候我想象从朋友的观点来看事情的样子，以便更了解他们	1	2	3	4	5	6	7
36	对我来说，全心地投入一本好书或一部好电影中，是很少有的事	1	2	3	4	5	6	7
37	其他人的不幸通常不会带给我很大的烦忧	1	2	3	4	5	6	7
38	看完戏或电影之后，我会觉得自己好像是剧中的某一个角色	1	2	3	4	5	6	7
39	处于紧张情绪的状况中，我会惊慌害怕	1	2	3	4	5	6	7
40	当我看到有人受到不公平的对待时，我有时并不感到非常同情他们	1	2	3	4	5	6	7

代码	问项	完全不同意←→完全同意						
41	我相信每个问题都有两面观点，所以我常试着从这不同的观点来看问题	1	2	3	4	5	6	7
42	我认为自己是一个相当软心肠的人	1	2	3	4	5	6	7
43	当我观赏一部好电影时，我很容易站在某个主角的立场去感受他的心情	1	2	3	4	5	6	7
44	在紧急状况中，我紧张得几乎无法控制自己	1	2	3	4	5	6	7
45	当我对一个人生气时，我通常会试着去想一下他的立场	1	2	3	4	5	6	7
46	当我阅读一篇引人的故事或小说时，我想象：如果故事中的事件发生在我身上，我会感觉怎么样	1	2	3	4	5	6	7
47	当我看到有人发生意外而急需帮助的时候，我紧张得几乎精神崩溃	1	2	3	4	5	6	7
48	在批评别人前，我会试着想象：假如我处在他的情况，我的感受如何	1	2	3	4	5	6	7

附录 3 实证调查问卷（主管用问卷）

尊敬的女生/先生：您好！

首先非常感谢您能够参与完成这份调查问卷。这是一份学术性的调查问卷，问卷的答案无对错之分，请您在仔细阅读问卷后，依据您的理解认真回答。为感谢您的积极配合，我们将为您提供一份小礼品表示谢意！

问卷回答的内容，将只作为学术研究使用，不会用于其他用途，对您个人也无任何影响，资料完全保密，除了作者本人，任何其他人都无法得知您的回答。

第一部分　个人信息

请在下列相关内容的选项上画√。

1. 您的性别：（1）男 （2）女

2. 您的年龄：_____

3. 您的婚姻状况：（1）未婚 （2）已婚

4. 您的学历：（1）高中及以下 （2）专职或高职 （3）本科 （4）研究生

5. 您单位的性质：（1）国有企业 （2）民营企业 （3）外资企业 （4）其他

6. 您的工作年限：（1）1 年以下 （2）1～3 年 （3）3～5 年 （4）5～10 年 （5）10 年以上

第二部分 员工在职行为问卷

请您对您下属的行为进行评价

代码	问项	完全不同意←→完全同意						
1	做得比要求的多	1	2	3	4	5	6	7
2	自愿加班	1	2	3	4	5	6	7
3	尝试去改善工作条件	1	2	3	4	5	6	7
4	与主管交流改进工作	1	2	3	4	5	6	7
5	想更好的办法来改进工作	1	2	3	4	5	6	7
6	私拿公司财物	1	2	3	4	5	6	7
7	休息时间超过规定	1	2	3	4	5	6	7
8	上班迟到	1	2	3	4	5	6	7
9	把工作场所搞得一团糟	1	2	3	4	5	6	7
10	忽视或不服从指导	1	2	3	4	5	6	7
11	故意怠工磨洋工	1	2	3	4	5	6	7
12	工作中几乎不努力	1	2	3	4	5	6	7

参 考 文 献

［1］常亚平，阎俊等．企业社会责任行为，产品价格对消费者购买意愿的影响研究［J］．管理学报，2008，5（1）：110－117．

［2］陈浩，惠青山．社会交换视角下的员工创新工作行为——心理所有权的中介作用［J］．当代财经，2012（6）：69－79．

［3］陈晶，史占彪等．共情概念的演变［J］．中国临床心理学杂志，2008，15（6）：664－667．

［4］陈向明．质的研究方法与社会科学研究［M］．北京：教育科学出版社，2000．

［5］程伟波．包容性领导对员工态度和行为影响的实证研究［D］．中南大学，2014．

［6］樊帅，田志龙等．基于社会责任视角的企业伪善研究述评与展望［J］．外国经济与管理，2014（2）：2－12．

［7］高中华，赵晨．服务型领导如何唤醒下属的组织公民行为？——社会认同理论的分析［J］．经济管理，2014（6）：147－157．

［8］韩翼，杨百寅．领导政治技能对员工组织忠诚的影响研究［J］．科研管理，2014（9）：147－153．

［9］洪丽．高中生利他行为与移情，道德判断关系研究［D］．福建师范大学，2005．

［10］黄希庭．简明心理学辞典［M］．合肥：安徽人民出版社，2004：749．

[11] 姜丽群.国外企业社会责任缺失研究述评 [J].外国经济与管理,2014(2):13-23.

[12] 解志韬,田新民等.变革型领导对员工组织公民行为的影响:检测一个多重中介模型 [J].科学学与科学技术管理.2010(3):167-172.

[13] 李超平,时勘.分配公平与程序公平对工作倦怠的影响[J].心理学报,2003,35(5):677-684.

[14] 李新云,陈加洲.组织公平、组织信任、工作满意度的相关性——基于劳务派遣工的实证研究 [J].中国商贸,2013(2):63-64.

[15] 梁果,李锡元等.领导—部属交换和心理所有权中介作用的感恩对个体主动性的影响 [J].管理学报,2014(7):1014-1020.

[16] 梁建,樊景立等.理论构念的测量 [M].组织与管理研究的实证方法,陈晓萍,徐淑英,樊景立编著,北京大学出版社,2008.

[17] 刘军,吴隆增等.应对辱虐管理:下属逢迎与政治技能的作用机制研究 [J].南开管理评论,2009(2):52-58.

[18] 刘善仕.企业员工越轨行为的组织控制研究 [J].外国经济与管理,2002(7):19-23.

[19] 刘善仕.企业员工越轨行为的组织控制策略研究 [J].华南师范大学学报(社会科学版),2004(6):135-138.

[20] 刘小禹,刘军.基于组织政治视角的辱虐管理影响研究[J].经济科学,2014(5):118-128.

[21] 刘云.自我领导与员工创新行为的关系研究——心理授权的中介效应 [J].科学学研究,2011(10):1584-1593.

[22] 刘云,石金涛.组织创新气氛对员工创新行为的影响过程研究——基于心理授权的中介效应分析 [J].中国软科学,2010

(3): 133 - 144.

[23] 卢东, 寇燕. 基于消费者视角的企业社会责任归因 [J]. 管理学报, 2010 (6): 861 - 867.

[24] 吕福新, 顾姗姗. 心理所有权与组织公民行为的相关性分析——基于本土企业的视角和浙江企业的实证 [J]. 管理世界, 2007 (5): 94 - 103.

[25] 马丁·l·霍夫曼. 移情与道德发展: 关爱和发展的内涵 [Z]. 杨韶刚, 万明. 哈尔滨: 黑龙江人民出版社, 2003.

[26] 毛江华, 廖建桥等. 辱虐管理从何而来? 来自期望理论的解释 [J]. 南开管理评论, 2014 (5): 4 - 12.

[27] 潘孝富. 生产型企业员工积极组织行为的实证研究 [D]. 西南大学, 2008.

[28] 潘孝富, 秦启文. 生产型企业员工积极组织行为的内在结构模型探究 [J]. 心理科学, 2009 (6): 1468 - 1470.

[29] 潘孝富, 秦启文等. 组织心理所有权, 基于组织的自尊对积极组织行为的影响 [J]. 心理科学, 2012, 35 (3): 718 -724.

[30] 彭贺. 知识员工反生产行为的结构及测量 [J]. 管理科学, 2011 (5): 12 - 22.

[31] 彭秀芳. 大学生的移情结构及其与积极人格, 亲社会行为的关系研究 [D]. 北京: 首都师范大学, 2006.

[32] 皮永华. 组织公正与组织公民行为, 组织报复行为之间关系的研究 [D]. 浙江大学, 2006.

[33] 秦伟平, 赵曙明. 多重认同视角下的新生代农民工组织公平感与工作嵌入关系研究 [J]. 管理学报, 2014 (10): 1445 -1452.

[34] 戎幸, 孙炳海等. 人际反应指数量表的信度和效度研究 [J]. 中国临床心理学杂志, 2010 (2): 158 - 160.

[35] 宋典, 袁勇志等. 创业导向对员工创新行为影响的跨层

次实证研究——以创新氛围和心理授权为中介变量 [J]. 科学学研究, 2011 (8): 1266 - 1273.

[36] 孙健敏, 宋萌等. 辱虐管理对下属工作绩效和离职意愿的影响: 领导认同和权力距离的作用 [J]. 商业经济与管理, 2013 (3): 45 - 53.

[37] 孙旭, 严鸣等. 坏心情与工作行为: 中庸思维跨层次的调节作用 [J]. 心理学报, 2014 (11): 1704 - 1718.

[38] 汤学俊. 变革型领导、心理授权与组织公民行为 [J]. 南京社会科学, 2014 (7): 13 - 19.

[39] 陶建宏, 师萍等. 自我领导与组织自尊对员工创新行为影响的实证研究——基于电子通讯、制造企业的数据 [J]. 研究与发展管理, 2014 (3): 52 - 61.

[40] 田志龙, 王瑞等. 消费者 CSR 反应的产品类别差异及群体特征研究 [J]. 南开管理评论, 2011 (1): 107 - 118.

[41] 汪林, 储小平等. 与高层领导的关系对经理人"谏言"的影响机制——来自本土家族企业的经验证据 [J]. 管理世界, 2010 (5): 108 - 117.

[42] 王洪青, 彭纪生. 辱虐管理对员工心态的影响: 代际差异的调节效应研究 [J]. 商业经济与管理, 2015 (1): 4.

[43] 王苗苗. 组织公平与反生产力工作行为关系研究 [D]. 山西大学, 2012.

[44] 王燕, 龙立荣等. 分配不公正下的退缩行为: 程序公正和互动公正的影响 [J]. 心理学报, 2007 (2): 335 - 342.

[45] 王宇清. 组织公正感对员工偏离行为的作用与机制[D]. 华中科技大学, 2012.

[46] 王忠, 杨韬等. 组织公平、组织学习与隐性知识共享的相关性研究——基于长三角高新技术企业研发型团队的数据检验 [J]. 科技管理研究, 2014 (22): 107 - 111.

[47] 温忠麟, 侯杰泰等. 结构方程模型检验: 拟合指数与卡方准则 [J]. 心理学报, 2004 (2): 186 - 194.

[48] 吴隆增, 刘军等. 辱虐管理与员工表现: 传统性与信任的作用 [J]. 心理学报, 2009 (6): 510 - 518.

[49] 吴维库, 王未等. 辱虐管理, 心理安全感知与员工建言 [J]. 管理学报, 2012, 9 (1): 57 - 63.

[50] 休谟. 人性论: 汉译世界学术名著丛书 [Z]. 关文运. 上海: 商务印书馆, 1997.

[51] 亚当·斯密. 道德情操论 [Z]. 韩巍. 北京: 西苑出版社, 2009: 20.

[52] 闫艳玲, 周二华等. 职场排斥与反生产行为: 状态自控和心理资本的作用 [J]. 科研管理, 2014 (3): 82 - 90.

[53] 严丹. 上级辱虐管理对员工建言行为的影响——来自制造型企业的证据 [J]. 管理科学, 2012, 25 (2): 41 - 50.

[54] 杨齐. 心理所有权与员工知识共享: 组织承诺的中介作用 [J]. 图书馆理论与实践, 2014a (10): 9 - 12.

[55] 杨齐. 伦理型领导、组织认同与知识共享: 心理安全的调节中介作用 [J]. 华东经济管理, 2014b (1): 123 - 127.

[56] 杨伟, 刘益等. 国外企业不道德行为研究述评 [J]. 管理评论, 2012 (8): 145 - 153.

[57] 叶宝忠. 组织公平与信任对知识共享的影响研究 [J]. 技术经济与管理研究, 2014 (9): 27 - 31.

[58] 尹俊, 王辉. 组织内交换关系, 心理授权与员工工作结果的研究 [J]. 经济科学, 2011 (5): 116 - 127.

[59] 尤方华, 陈志霞. 基于层面理论的员工反生产行为结构研究 [J]. 南开管理评论, 2012 (5): 36 - 43.

[60] 詹志禹. 年级, 性别角色, 人情取向与同理心的关系 [J]. 台北: 台湾政治大学教育研究所, 1987 (7): 14 - 51.

［61］张伶，聂婷. 团队凝聚力、工作—家庭促进与员工在职行为关系研究［J］. 管理学报，2013（1）：103－109.

［62］张燕，陈维政. 员工工作场所偏离行为的形成原因和控制策略［J］. 经济管理，2008（11）：71－73.

［63］张燕，陈维政. 工作场所偏离行为的研究发展回顾及展望［J］. 管理评论，2011（6）：81－87.

［64］张燕，陈维政. 工作场所偏离行为研究中自我报告法应用探讨［J］. 科研管理，2012（11）：76－83.

［65］张燕，陈维政. 人力资源实践与工作场所偏离行为的关系实证［J］. 管理学报，2013（12）：1792－1798.

［66］张永军. 绩效考核公平感对反生产行为的影响：交换意识的调节作用［J］. 管理评论，2014（8）：158－167.

［67］张永军，廖建桥等. 国外反生产行为研究回顾与展望［J］. 管理评论，2012（7）：82－90.

［68］周浩，龙立荣等. 分配公正，程序公正，互动公正影响效果的差异［J］. 心理学报，2005，37（5）：687－693.

［69］周念丽. 中小学生移情量表编制研究［J］. 心理科学，2001，24（5）：610－611.

［70］周祖城，张漪杰. 企业社会责任相对水平与消费者购买意向关系的实证研究［J］. 中国工业经济，2007（9）：111－118.

［71］朱颖俊，裴宇. 差错管理文化、心理授权对员工创新行为的影响：创新效能感的调节效应［J］. 中国人力资源开发，2014（17）：23－29.

［72］Adams J S. Inequity in Social Exchange［J］. Advances in Experimental Social Psychology，1965，2（1）：267－299.

［73］Adams J S. Towards an Understanding of Inequity［J］. The Journal of Abnormal and Social Psychology，1963，67（5）：422－436.

［74］Ahire S L，Golhar D Y，Waller M A. Development and Validation of TQM Implementation Constructs ［J］. Decision Sciences, 1996, 27 (1): 23 - 56.

［75］Ahmad I, Shehzad K, Zafar M A. Impact of CSR Perception on Dimensions of Job Performance with Mediating Effect of Overall Justice Perception ［J］. European Journal of Business and Management, 2014, 6 (20): 94 - 108.

［76］Ambrose M L, Arnaud A. Are Procedural Justice and Distributive Justice Conceptually Distinct? ［M］. *Handbook of organizational justice*, Greenberg J, Colquitt J A (Eds), Mahwah, NJ, US: Lawrence Erlbaum Associates Publishers, 2005.

［77］Ambrose M L, Schminke M. The Role of Overall Justice Judgments in Organizational Justice Research: A Test of Mediation. ［J］. Journal of Applied Psychology, 2009, 94 (2): 491 - 500.

［78］Anderson J C, Gerbing D W. Structural equation modeling in practice: A review and recommended two-step approach. ［J］. Psychological bulletin, 1988, 103 (3): 411 - 436.

［79］Appelbaum S H, Iaconi G D, Matousek A. Positive and Negative Deviant Workplace Behaviors: Causes, Impacts, and Solutions ［J］. Corporate Governance, 2007, 7 (5): 586 - 598.

［80］Aquino K, Freeman D, Reed A I, et al. Testing a Social-Cognitive Model of Moral Behavior: The Interactive Influence of Situations and Moral Identity Centrality ［J］. Journal of Personality and Social Psychology, 2009, 97 (1): 123 - 141.

［81］Aquino K, Lewis M U, Bradfield M. Justice Constructs, Negative Affectivity, and Employee Deviance: A Proposed Model and Empirical Test ［J］. Journal of Organizational Behavior, 1999, 20 (7): 1073 - 1091.

［82］Armstrong J S. Social Irresponsibility in Management ［J］.

Journal of Business Research, 1977, 5 (3): 185 – 213.

[83] Armstrong J S, Green K C. Effects of Corporate Social Responsibility and Irresponsibility Policies [J]. Journal of Business Research, 2013, 66 (10): 1922 – 1927.

[84] Aryee S, Chen Z X, Sun L, et al. Antecedents and Outcomes of Abusive Supervision: Test of a Trickle-Down Model [J]. Journal of Applied Psychology, 2007, 92 (1): 191 – 201.

[85] Aryee S, Walumbwa F O, Mondejar R, et al. Accounting for the Influence of Overall Justice on Job Performance: Integrating Self-Determination and Social Exchange Theories [J]. Journal of Management Studies, 2013, 52 (2): 231 – 252.

[86] Avey J B, Avolio B J, Crossley C D, et al. Psychological Ownership: Theoretical Extensions, Measurement and Relation to Work Outcomes [J]. Journal of Organizational Behavior, 2009, 30 (2): 173 – 191.

[87] Avey J B, Palanski M E, Walumbwa F O. When Leadership Goes Unnoticed: The Moderating Role of Follower Self-Esteem On the Relationship Between Ethical Leadership and Follower Behavior [J]. Journal of Business Ethics, 2011, 98 (4): 573 – 582.

[88] Bagozzi R P, Yi Y. On the Evaluation of Structural Equation Models [J]. Journal of the Academy of Marketing Science, 1988, 16 (1): 74 – 94.

[89] Barclay D, Higgins C, Thompson R. The Partial Least Squares (PLS) Approach to Causal Modeling: Personal Computer Adoption and Use as an Illustration [J]. Technology Studies, 1995, 2 (2): 285 – 309.

[90] Barclay L, Kiefer T. Approach or Avoid? Exploring Overall Justice and the Differential Effects of Positive and Negative Emotions

[J]. Journal of Management, 2014, 40 (7): 1857-1898.

[91] Barclay P. Reputational Benefits for Altruistic Punishment [J]. Evolution and Human Behavior, 2006, 27 (5): 325-344.

[92] Baron-Cohen S. The Extreme Male Brain Theory of Autism [J]. Trends in Cognitive Sciences, 2002, 6 (6): 248-254.

[93] Baron-Cohen S, Wheelwright S. The Empathy Quotient: An Investigation of Adults with Asperger Syndrome or High Functioning Autism, and Normal Sex Differences [J]. Journal of Autism and Developmental Disorders, 2004, 34 (2): 163-175.

[94] Barsky A, Seth K. If You Feel Bad, It's Unfair: A Quantitative Synthesis of Affect and Organizational Justice Perceptions. [J]. Journal of Applied Psychology, 2007, 92 (1): 286-295.

[95] Bashir S, Nasir M, Qayyum S, et al. Dimensionality of Counterproductive Work Behaviors in Public Sector Organizations of Pakistan [J]. Public Organization Review, 2012, 12 (4): 357-366.

[96] Batson C D, Batson J G, Slingsby J K, et al. Empathic Joy and the Empathy - Altruism Hypothesis. [J]. Journal of Personality and Social Psychology, 1991, 61 (3): 413-425.

[97] Batson C D, Early S, Salvarani G. Perspective Taking: Imagining How Another Feels Versus Imagining How You would Feel [J]. Personality and Social Psychology Bulletin, 1997, 23 (7): 751-758.

[98] Batson C D, Fultz J, Schoenrade P A. Distress and Empathy: Two Qualitatively Distinct Vicarious Emotions with Different Motivational Consequences [J]. Journal of Personality, 1987, 55 (1): 19-39.

[99] Batson C D, Sager K, Garst E, et al. Is Empathy - Induced Helping Due to Self - Other Merging? [J]. Journal of Personality and Social Psychology, 1997, 73 (3): 495-509.

[100] Baucus M S, Baucus D A. Paying the Piper: An Empirical

Examination of Longer – Term Financial Consequences of Illegal Corporate Behavior [J]. Academy of Management Journal, 1997, 40 (1): 129 – 151.

[101] Baucus M S, Near J P. Can Illegal Corporate Behavior be Predicted? An Event History Analysis [J]. Academy of Management Journal, 1991, 34 (1): 9 – 36.

[102] Beal D J, Ghandour L. Stability, Change, and the Stability of Change in Daily Workplace Affect [J]. Journal of Organizational Behavior, 2011, 32 (4): 526 – 546.

[103] Beehr T A. The Role of Social Support in Coping with Organizational Stress [A]. In Beehr T A, Bhagat R S (Eds.). *Human stress and cognition in organizations: An integrative perspective* [C]. New York: Wiley Interscience, 1985: 375 – 398.

[104] Bengtsson H, Johnson L. Perspective Taking, Empathy, and Prosocial Behavior in Late Childhood [J]. Child Study Journal, 1992, 22 (1): 11 – 22.

[105] Bennett R J, Robinson S L. Development of a Measure of Workplace Deviance [J]. Journal of Applied Psychology, 2000, 85 (3): 349 – 360.

[106] Berger D M. Clinical Empathy [M]. Lanham, MD: Jason Aronson, 1987.

[107] Beugré C D. Resistance to Socialization Into Organizational Corruption: A Model of Deontic Justice [J]. Journal of Business and Psychology, 2010, 25 (3): 533 – 541.

[108] Beugre C D, Baron R A. Perceptions of Systemic Justice: The Effects of Distributive, Procedural, and Interactional Justice [J]. Journal of Applied Social Psychology, 2001, 31 (2): 324 – 339.

[109] Bies R J. The Predicament of Injustice: The Management of

Moral Outrage [J]. Research in Organizational Behavior, 1987, 9 (1): 289 - 319.

[110] Bies R J, Moag J S. Interactional Justice: Communication Criteria of Fairness [J]. Research On Negotiation in Organizations, 1986, 1 (1): 43 - 55.

[111] Bindl U K, Parker S K. Proactive Work Behavior: Forward-Thinking and Change - Oriented Action in Organizations [M]. Washington, DC, US: American Psychological Association, 2011.

[112] Blair R J R. Responding to the Emotions of Others: Dissociating Forms of Empathy Through the Study of Typical and Psychiatric Populations [J]. Consciousness and cognition, 2005, 14 (4): 698 -718.

[113] Blau P M. Exchange and Power in Social Life [M]. New York: John Wiley, 1964.

[114] Bobocel D R. Coping with Unfair Events Constructively Or Destructively: The Effects of Overall Justice and Self-Other Orientation. [J]. Journal of Applied Psychology, 2013, 98 (5): 720 - 731.

[115] Bogler R, Somech A. Influence of Teacher Empowerment On Teachers' Organizational Commitment, Professional Commitment and Organizational Citizenship Behavior in Schools [J]. Teaching and Teacher Education, 2004, 20 (3): 277 - 289.

[116] Bordia P, Restubog S L D, Tang R L. When Employees Strike Back: Investigating Mediating Mechanisms Between Psychological Contract Breach and Workplace Deviance [J]. Journal of Applied Psychology, 2008, 93 (5): 1104 - 1123.

[117] Brammer S, Millington A. Does it pay to be different? An analysis of the relationship between corporate social and financial performance [J]. Strategic Management Journal, 2008, 29 (12): 1325 -

1343.

[118] Braunsberger K, Buckler B. Consumers on a Mission to Force a Change in Public Policy: A Qualitative Study of the Ongoing Canadian Seafood Boycott1 [J] . Business and Society Review, 2009, 114 (4): 457 - 489.

[119] Brown T J, Dacin P A. The Company and the Product: Corporate Associations and Consumer Product Responses [J]. The Journal of Marketing, 1997: 68 - 84.

[120] Browning V. An Exploratory Study Into Deviate Behaviour in the Service Encounter: How and Why Front - Line Employees Engage in Deviant Behaviour [J] . Journal of Management and Organization, 2008, 14 (4): 451 - 471.

[121] Carlsmith K M, Darley J M, Robinson P H. Why Do we Punish: Deterrence and Just Deserts as Motives for Punishment [J]. Journal of Personality and Social Psychology, 2002, 83 (2): 284 - 305.

[122] Carson K D, Carson P P, Lanford H, et al. The Effects of Organization-Based Self-Esteem On Workplace Outcomes: An Examination of Emergency Medical Technicians [J]. Public Personnel Management, 1997, 26 (1): 139 - 155.

[123] Carter C R. Ethical Issues in International Buyer-Supplier Relationships: A Dyadic Examination [J]. Journal of Operations Management, 2000, 18 (2): 191 - 208.

[124] Chan S C, Huang X, Snape E, et al. The Janus Face of Paternalistic Leaders: Authoritarianism, Benevolence, Subordinates' Organization-Based Self-Esteem, and Performance [J] . Journal of Organizational Behavior, 2013, 34 (1): 108 - 128.

[125] Charness G, Cobo - Reyes R, Jiménez N. An Investment

Game with Third – Party Intervention [J]. Journal of Economic Behavior & Organization, 2008, 68 (1): 18 – 28.

[126] Chavis L, Leslie P. Consumer Boycotts: The Impact of the Iraq War On French Wine Sales in the US [J]. Qme, 2009, 7 (1): 37 – 67.

[127] Chen Z, Eisenberger R, Johnson K M, et al. Perceived Organizational Support and Extra – Role Performance: Which Leads to Which? [J]. The Journal of Social Psychology, 2009, 149 (1): 119 – 124.

[128] Chi S S, Liang S. When Do Subordinates' Emotion-Regulation Strategies Matter? Abusive Supervision, Subordinates' Emotional Exhaustion, and Work Withdrawal [J]. The Leadership Quarterly, 2013, 24 (1): 125 – 137.

[129] Choi J. Event Justice Perceptions and Employees' Reactions: Perceptions of Social Entity Justice as a Moderator. [J]. Journal of Applied Psychology, 2008, 93 (3): 513 – 528.

[130] Churchill G A. A Paradigm for Developing Better Measures of Marketing Constructs [J]. Journal of Marketing Research, 1979, 16 (1): 64 – 73.

[131] Clark T S, Grantham K N. What CSR is Not: Corporate Social Irresponsibility [J]. Critical Studies On Corporate Responsibility, Governance and Sustainability, 2012, 10 (4): 23 – 41.

[132] Clayton S D. The Experience of Injustice: Some Characteristics and Correlates [J]. Social Justice Research, 1992, 5 (1): 71 – 91.

[133] Cohen A. A Global Evaluation of Organizational Fairness and its Relationship to Psychological Contracts [J]. Career Development International, 2013, 18 (6): 589 – 609.

［134］Cohen D, Strayer J. Empathy in Conduct-Disordered and Comparison Youth ［J］. Developmental Psychology, 1996, 32 (6): 988 - 1005.

［135］Cohen S, Wills T A. Stress, Social Support, and the Buffering Hypothesis ［J］. Psychological Bulletin, 1985, 98 (2): 310 - 326.

［136］Cohen-Charash Y, Mueller J S. Does Perceived Unfairness Exacerbate Or Mitigate Interpersonal Counterproductive Work Behaviors Related to Envy? ［J］. Journal of Applied Psychology, 2007, 92 (3): 666 - 680.

［137］Cohen-Charash Y, Spector P E. The Role of Justice in Organizations: A Meta-Analysis ［J］. Organizational Behavior and Human Decision Processes, 2001, 86 (2): 278 - 321.

［138］Colbert A E, Mount M K, Harter J K, et al. Interactive effects of personality and perceptions of the work situation on workplace deviance ［J］. Journal of Applied Psychology, 2004, 89 (4): 599 - 618.

［139］Colquitt J A. On the Dimensionality of Organizational Justice: A Construct Validation of a Measure ［J］. Journal of Applied Psychology, 2001, 86 (3): 386 - 400.

［140］Colquitt J A, Conlon D E, Wesson M J, et al. Justice at the Millennium: A Meta-Analytic Review of 25 Years of Organizational Justice Research ［J］. Journal of Applied Psychology, 2001, 86 (3): 425 - 445.

［141］Colquitt J A, Greenberg J. Doing Justice to Organizational Justice ［J］. Theoretical and Cultural Perspectives On Organizational Justice, 2001: 217 - 242.

［142］Colquitt J A, Scott B A, Rodell J B, et al. Justice at the Millennium, a Decade Later: A Meta-analytic Test of Social Exchange and Affect-based Perspectives [J]. Journal of Applied Psychology, 2013, 98 (2): 199 – 236.

[143] Colquitt J A, Shaw J C. How Should Organizational Justice be Measured [J]. Handbook of Organizational Justice, 2005: 113 – 152.

[144] Creyer E H. The Influence of Firm Behavior On Purchase Intention: Do Consumers Really Care About Business Ethics? [J]. Journal of Consumer Marketing, 1997, 14 (6): 421 – 432.

[145] Cromie J G, Ewing M T. The Rejection of Brand Hegemony [J]. Journal of Business Research, 2009, 62 (2): 218 – 230.

[146] Cropanzano R, Byrne Z S. Workplace Justice and the Dilemma of Organizational Citizenship [A]. In M. VanVugt, T. Tyler, A. Biel (Eds.). *Collective problems in modern society: Dilemmas and solutions* [C]. London: Routledge, 2000: 142 – 161.

[147] Cropanzano R, Byrne Z S, Bobocel D R, et al. Moral Virtues, Fairness Heuristics, Social Entities, and Other Denizens of Organizational Justice [J]. Journal of Vocational Behavior, 2001, 58 (2): 164 – 209.

[148] Cropanzano R, Goldman B, Folger R. The Deontic Justice: The Role of Moral Incubator Principles in Workplace Fairness [J]. Journal of Organizational Behavior, 2003, 24 (8): 1019 – 1024.

[149] Cropanzano R, Mitchell M S. Social Exchange Theory: An Interdisciplinary Review [J]. Journal of Management, 2005, 31 (6): 874 – 900.

[150] Cropanzano R, Rupp D E. Some Reflections On the Morality of Organizational Justice [M]. *Emerging Perspectives On Managing Organizational Justice*, Dirk Douglas Steiner, Gilliland S, Skarlicki D (Eds), Charlotte, NC: IAP, 2002.

［151］Cropanzano R, Rupp D E. Social Exchange Theory and Organizational Justice ［M］. *Justice, Morality, and Social Responsibility*, Stephen Gilliland, Skarlicki, Daniel, Douglas, Dirk (Eds), Charlotte, NC: IAP, 2008.

［152］Cropanzano R, Rupp D E, Mohler C J, et al. Three Roads to Organizational Justice ［M］. *Research in Personnel and Human Resources Management*, Martocchio J (Eds), Bingley BD: Emerald Group Publishing Limited, 2001.

［153］Cropanzano R, Stein J H. Organizational Justice and Behavioral Ethics ［J］. Business Ethics Quarterly, 2009, 19 (2): 193 - 233.

［154］Cropanzano R, Stein J H, Nadisic T. Social justice and the experience of emotion ［M］. London: Routledge, 2011.

［155］Darley J M, Pittman T S. The Psychology of Compensatory and Retributive Justice ［J］. Personality and Social Psychology Review, 2003, 7 (4): 324 - 336.

［156］Davis M H. Empathy: A Social Psychological Approach. ［M］. Boulder, CO: Westview Press, 1994.

［157］Davis M H. Empathic Concern and the Muscular Dystrophy Telethon Empathy as a Multidimensional Construct ［J］. Personality and Social Psychology Bulletin, 1983, 9 (2): 223 - 229.

［158］Davis M H. Measuring Individual-Differences in Empathy-Evidence for a Multidimensional Approach ［J］. Journal of Personality and Social Psychology, 1983, 44 (1): 113 - 126.

［159］Dawkins J, Lewis S. CSR in Stakeholde Expectations: And their Implication for Company Strategy ［J］. Journal of Business Ethics, 2003, 44 (2 - 3): 185 - 193.

［160］De Cremer D, Van den Bos K. Justice and Feelings: Toward a New Era in Justice Research [J]. Social Justice Research, 2007, 20 (1): 1 - 9.

[161] De Lara P Z M. Fear in Organizations: Does Intimidation by Formal Punishment Mediate the Relationship Between Interactional Justice and Workplace Internet Deviance? [J]. Journal of Managerial Psychology, 2006, 21 (6): 580 - 592.

[162] De Roeck K, Marique G, Stinglhamber F, et al. Understanding Employees' Responses to Corporate Social Responsibility: Mediating Roles of Overall Justice and Organisational Identification [J]. International Journal of Human Resource Management, 2014, 25 (1): 91 - 112.

[163] Decety J, Lamm C. Human Empathy through the Lens of Social Neuroscience [J]. The Scientific World Journal, 2006, 1 (6): 1146 - 1163.

[164] Demerouti E, Bakker A B, Schaufeli W B. Spillover and crossover of exhaustion and life satisfaction among dual-earner parents [J]. Journal of Vocational Behavior, 2005, 67 (2): 266 - 289.

[165] Dunlop P D, Lee K. Workplace Deviance, Organizational Citizenship Behavior, and Business Unit Performance: The Bad Apples Do Spoil the Whole Barrel [J]. Journal of Organizational Behavior, 2004, 25 (1): 67 - 80.

[166] Dyck A, Morse A, Zingales L. Who Blows the Whistle on Corporate Fraud? [J]. The Journal of Finance, 2010, 65 (6): 2213 - 2253.

[167] Dymond R F. A Scale for the Measurement of Empathic Ability. [J]. Journal of Consulting Psychology, 1949, 13 (2): 127 - 151.

[168] E. Rupp D. An Employee - Centered Model of Organizational

Justice and Social Responsibility [J]. Organizational Psychology Review, 2011, 1 (1): 72－94.

[169] Eisenberg N, Wentzel N, Harris J D. The Role of Emotionality and Regulation in Empathy-Relat-Ed Responding [J]. School Psychology Review, 1998, 27 (4): 506－521.

[170] Eisenberger R, Armeli S, Rexwinkel B, et al. Reciprocation of Perceived Organizational Support [J]. Journal of Applied Psychology, 2001, 86 (1): 42－51.

[171] Eisenberger R, Huntington R, Hutchison S, et al. Perceived Organizational Support [J]. Journal of Applied Psychology, 1986, 71 (3): 500－507.

[172] Eisenberger R, Stinglhamber F, Vandenberghe C, et al. Perceived Supervisor Support: Contributions to Perceived Organizational Support and Employee Retention [J]. Journal of Applied Psychology, 2002, 87 (3): 565－573.

[173] Enns J R, Rotundo M. When Competition Turns Ugly: Collective Injustice, Workgroup Identification, and Counterproductive Work Behavior [J]. Human Performance, 2012, 25 (1): 26－51.

[174] Falk A, Fox S. Victims' and Observers' Reactions to Organizational Unfairness: The Role of Moral－Altruist Personality [J]. Basic and Applied Social Psychology, 2014, 36 (5): 425－442.

[175] Fassina N E, Jones D A, Uggerslev K L. Relationship Clean-Up Time: Using Meta－Analysis and Path Analysis to Clarify Relationships Among Job Satisfaction, Perceived Fairness, and Citizenship Behaviors [J]. Journal of Management, 2008, 34 (2): 161－188.

[176] Feather N T, Rauter K A. Organizational Citizenship Behaviours in Relation to Job Status, Job Insecurity, Organizational Commitment and Identification, Job Satisfaction and Work Values [J]. Journal

of Occupational and Organizational Psychology, 2004, 77 (1): 81 – 94.

[177] Feshbach S, Feshbach N. The Role of Fantasy and Other Cognitive Processes in the Regulation of Children's Aggression [M]. *Advances in the Study of Aggression*, Academic Press Orlando, FL, 1986: 2.

[178] Fineman S. Organizations as Emotional Arenas. [M]. Thousand Oaks, CA: Sage Publications, 1993.

[179] Foa E B, Foa U G. Resource Theory [M]. *Social Exchange*, Gergen K J, Greenberg M S, Willis R H (Eds), New York, NY: Springer, 1980: 77 – 94.

[180] Folger R. Fairness as Deonance [M]. *Research in Social Issues in management*, Gilliland S W, Steiner D D, Skarlicki D P (Eds), Greenwich, CT: Information Age, 2001: 3 – 31.

[181] Folger R. Fairness as a Moral Virtue [M]. *Managerial Ethics: Moral Management of People and Processes*, Schminke M (Eds), London: Psychology Press, 1998: 13 – 34.

[182] Folger R. Reformulating the Preconditions of Resentment: A Referent Cognitions Model. [M]. *Social Comparison, Social Justice, and Relative Deprivation: Theoretical, Empirical, and Policy Perspectives*, Masters J C, Smith W P (Eds), Hillsdale, NJ: Lawrence Erlbaum Associates, 1987.

[183] Folger R. Justice, Motivation, and Performance Beyond Role Requirements [J]. Employee Responsibilities and Rights Journal, 1993, 6 (3): 239 – 248.

[184] Folger R, Cropanzano R. Fairness Theory: Justice as Accountability [M]. *Advances in Organizational Justice*, Greenberg J, Cropanzano R (Eds), Stanford: Stanford University Press, 2002:

1 – 55.

[185] Folger R, Cropanzano R, Goldman B. What is the Relationship Between Justice and Morality? [M]. *Handbook of Organizational Justice*, Greenberg J, Colquitt J A (Eds), Mahwah, NJ: Lawrence Erlbaum Associates Publishers, 2005.

[186] Folger R, Rosenfield D, Robinson T. Relative Deprivation and Procedural Justifications [J]. Journal of Personality and Social Psychology, 1983, 45 (2): 268 – 282.

[187] Folger R, Skarlicki D P. Beyond Counterproductive Work Behavior: Moral Emotions and Deontic Retaliation Versus Reconciliation [M]. *Counterproductive work behavior: Investigations of actors and targets*, Fox S, Spector P E (Eds), Washington, DC: American Psychological Association, 2005.

[188] Fornell C, Larcker D F. Evaluating Structural Equation Models with Unobservable Variables and Measurement Error [J]. Journal of Marketing Research, 1981a, 18 (1): 39 – 50.

[189] Fornell C, Larcker D F. Structural Equation Models with Unobservable Variables and Measurement Error: Algebra and Statistics [J]. Journal of Marketing Research, 1981b, 18 (3): 382 – 388.

[190] Fox S, Spector P E, Association A P. Counterproductive Work Behavior: Investigations of Actors and Targets [M]. American Psychological Association Washington, DC, 2005.

[191] Fox S, Spector P E, Miles D. Counterproductive Work Behavior (CWB) in Response to Job Stressors and Organizational Justice: Some Mediator and Moderator Tests for Autonomy and Emotions [J]. Journal of Vocational Behavior, 2001, 59 (3): 291 – 309.

[192] Francis L, Barling J. Organizational Injustice and Psychological Strain [J]. Canadian Journal of Behavioural Science/Revue Cana-

dienne Des Sciences Du Comportement, 2005, 37 (4): 250.

[193] Frooman J. Socially Irresponsible and Illegal Behavior and Shareholder Wealth A Meta – analysis of Event Studies [J]. Business & Society, 1997, 36 (3): 221 – 249.

[194] Furby L. Possession in Humans: An Exploratory Study of its Meaning and Motivation [J]. Social Behavior and Personality: An International Journal, 1978, 6 (1): 49 – 65.

[195] Ganegoda D B, Folger R. Framing Effects in Justice Perceptions: Prospect Theory and Counterfactuals [J]. Organizational Behavior and Human Decision Processes, 2015, 126 (1): 27 – 36.

[196] Gardner D G, Pierce J L. Self-Esteem and Self-Efficacy within the Organizational Context: A Replication [J]. Journal of Management Systems, 2001, 13 (4): 31 – 48.

[197] George J M, Brief A P. Feeling Good – Doing Good: A Conceptual Analysis of the Mood at Work – Organizational Spontaneity Relationship [J]. Psychological Bulletin, 1992, 112 (2): 310.

[198] Giacalone R A, Greenberg J. Antisocial Behavior in Organizations [M]. Thousand Oaks: Sage, 1997.

[199] Gouldner A W. The Norm of Reciprocity-A Preliminary Statement [J]. American Sociological Review, 1960, 25 (2): 161 – 178.

[200] Greenbaum R L, Mawritz M B, Mmayer D. To Act out, to Withdraw, or to Constructively Resist? Employee Reactions to Supervisor Abuse of Customers and the Moderating Role of Employee Moral identity [J]. Human Relations, 2013, 66 (7): 925 – 950.

[201] Greenberg J. Organizational Justice: Yesterday, Today, and Tomorrow [J]. Journal of Management, 1990, 16 (2): 399 – 432.

[202] Greenberg J. Who Stole the Money, and When? Individual

and Situational Determinants of Employee Theft [J]. Organizational Behavior and Human Decision Processes, 2002, 89 (1): 985 - 1003.

[203] Greenberg J. Stealing in the Name of Justice: Informational and Interpersonal Moderators of Theft Reactions to Underpayment Inequity [J]. Organizational Behavior and Human Decision Processes, 1993, 54 (1): 81 - 103.

[204] Greenberg J, Bies R J, Eskew D E. Establishing Fairness in the Eye of the Beholder: Managing Impressions of Organizational Justice. [M]. *Applied Impression Management: How Image - making Affects Managerial Decisions*, Giacalone R A, Rosenfeld P (Eds), Thousand Oaks: Sage Publications, 1991.

[205] Greenberg J, Scott K S. Why Do Workers Bite the Hands that Feed them? Employee Theft as a Social Exchange Process. [M]. *Research in Organizational Behavior: An Annual Series of Analytical Essays and Critical Reviews*, Staw B M, Cummings L L (Eds), Atlanta, GA: Elsevier Science/JAI Press, 1996.

[206] Greenberg J, Wiethoff C. Organizational Justice as Proaction and Reaction: Implications for Research and Application [M]. *Justice in the Workplace: From Theory to Practice*, Cropanzano R (Eds), New York: Psychology Press, 2001.

[207] Griffin M A, Neal A, Parker S K. A New Model of Work Role Performance: Positive Behavior in Uncertain and Interdependent Contexts [J]. Academy of Management Journal, 2007, 50 (2): 327 - 347.

[208] Gromet D M, Okimoto T G, Wenzel M, et al. A Victim - Centered Approach to Justice? Victim Satisfaction Effects On Third-Party Punishments. [J]. Law and Human Behavior, 2012, 36 (5): 375.

[209] Gruys M L, Sackett P R. Investigating the Dimensionality of

Counterproductive Work Behavior [J]. International Journal of Selection and Assessment, 2003, 11 (1): 30 - 42.

[210] Gunthorpe D. Business Ethics: A Quantitative Analysis of the Impact of Unethical Behavior by Publicly Traded Corporations [J]. Journal of Business Ethics, 1997, 16 (5): 537 - 543.

[211] Guo J. The Formation and Change of Overall Justice Perceptions: Consideration of Time, Events, and Affect [D]. Ann Arbor: University of Illinois at Urbana-Champaign, 2012.

[212] Hair J F, Black W C, Anderson R E, et al. Multivariate Data Analysis [M]. Upper Saddle River, NJ: Pearson Prentice Hall, 2006.

[213] Hansen S D, Dunford B B, Boss A D, et al. Corporate Social Responsibility and the Benefits of Employee Trust: A Cross-Disciplinary Perspective [J]. Journal of Business Ethics, 2011, 102 (1): 29 - 45.

[214] Harris M M, Lievens F, Van Hoye G. "I Think they Discriminated Against Me": Using Prototype Theory and Organizational Justice Theory for Understanding Perceived Discrimination in Selection and Promotion Situations [J]. International Journal of Selection and Assessment, 2004, 12 (1): 54 - 65.

[215] Hartel C, Ashkanasy N M, Zerbe W. Emotions in Organizational Behavior [M]. Psychology Press, 2005.

[216] Hauenstein N M, Mcgonigle T, Flinder S W. A Meta-Analysis of the Relationship Between Procedural Justice and Distributive Justice: Implications for Justice Research [J]. Employee Responsibilities and Rights Journal, 2001, 13 (1): 39 - 56.

[217] Hill J A, Eckerd S, Wilson D, et al. The Effect of Unethical Behavior On Trust in a Buyer-Supplier Relationship: The Mediating

Role of Psychological Contract Violation [J]. Journal of Operations Management, 2009, 27 (4): 281 - 293.

[218] Hoffman M L. The Development of Empathy [M]. *Altruism and Helping Behavior: Social, Personality, and Developmental Perspectives*, Rushton J P, Sorrentino R M (Eds), Hillsdale, NJ: Erlbaum, 1981: 41 - 63.

[219] Hogan R. Development of an Empathy Scale [J]. Journal of Consulting and Clinical Psychology, 1969, 33 (3): 307.

[220] Hogan R, Emler N P. Retributive Justice [M]. *The Justice Motive in Social Behavior*, Lerner M J, Lerner S C (Eds), New York: Springer, 1981: 125 - 143.

[221] Hollinger R C, Clark J P. Theft by Employees [M]. LexingtonBooks Lexington, MA, 1983.

[222] Holtz B C, Harold C M. Effects of Leadership Consideration and Structure On Employee Perceptions of Justice and Counterproductive Work Behavior [J]. Journal of Organizational Behavior, 2013, 34 (4): 492 - 519.

[223] Holtz B C, Harold C M. Fair Today, Fair Tomorrow? A Longitudinal Investigation of Overall Justice Perceptions. [J]. Journal of Applied Psychology, 2009, 94 (5): 1185 - 1203.

[224] Homans G C. Social Behavior: Its Elementary Forms. [M]. Oxford: Harcourt Brace, 1961.

[225] House J S. Social Support and Social structure [J]. Sociological Forum, 1987, 2 (1): 135 - 146.

[226] Ickes W J. Empathic Accuracy [M]. Oxford: Guilford Press, 1997.

[227] Janssen O, Lam C K, Huang X. Emotional Exhaustion and Job Performance: The Moderating Roles of Distributive Justice and Posi-

tive Affect [J]. Journal of Organizational Behavior, 2010, 31 (6): 787 - 809.

[228] Jolliffe D, Farrington D P. Development and Validation of the Basic Empathy Scale [J]. Journal of Adolescence, 2006, 29 (4): 589 - 611.

[229] Jones D A, Martens M L. The Mediating Role of Overall Fairness and the Moderating Role of Trust Certainty in Justice-Criteria Relationships: The Formation and Use of Fairness Heuristics in the Workplace [J]. Journal of Organizational Behavior, 2009, 30 (8): 1025 - 1051.

[230] Jones D, Willness C, Madey S. Why are Job Seekers Attracted by Corporate Social Performance? Experimental and Field Tests of Three Signal-based Mechanisms [J]. Academy of Management Journal, 2013, 57 (2): 383 - 404.

[231] Judge T A, Scott B A, Ilies R. Hostility, Job Attitudes, and Workplace Deviance: Test of a Multilevel Model [J]. Journal of Applied Psychology, 2006, 91 (1): 126.

[232] Kahneman D, Knetsch J L, Thaler R. Fairness as a Constraint On Profit Seeking: Entitlements in the Market [J]. The American Economic Review, 1986: 728 - 741.

[233] Kaiser H F. An index of factorial simplicity [J]. Psychometrika, 1974, 39 (1): 31 - 36.

[234] Kant I, Guyer P, Wood A W. Critique of Pure Reason [M]. Cambridge University Press, 1999.

[235] Kaptein M. From Inaction to External Whistleblowing: The Influence of the Ethical Culture of Organizations on Employee Responses to Observed Wrongdoing [J]. Journal of Business Ethics, 2011, 98 (3): 513 - 530.

[236] Kaptein M. Developing a Measure of Unethical Behavior in the Workplace: A Stakeholder Perspective [J]. Journal of Management, 2008, 34 (5): 978 – 1008.

[237] Kelloway E K, Francis L, Prosser M, et al. Counterproductive Work Behavior as Protest [J]. Human Resource Management Review, 2010, 20 (1): 18 – 25.

[238] Kim T, Leung K. Forming and Reacting to Overall Fairness: A Cross-Cultural Comparison [J]. Organizational Behavior and Human Decision Processes, 2007, 104 (1): 83 – 95.

[239] Konovsky M A, Pugh S D. Citizenship Behavior and Social-Exchange [J]. Academy of Management Journal, 1994, 37 (3): 656 – 669.

[240] Kozinets R V, Handelman J M. Adversaries of Consumption: Consumer Movements, Activism and Ideology [J]. Journal of Consumer Research, 2004, 31 (3): 691 – 704.

[241] Kpmg. Profile of a Fraudster, Survey 2007 [J]. Retrieved August, 2007 (9): 2010.

[242] Kraimer M L, Wayne S J. An Examination of Perceived Organizational Support as a Multidimensional Construct in the Context of an Expatriate Assignment [J]. Journal of Management, 2004, 30 (2): 209 – 237.

[243] Krasikova D V, Green S G, Lebreton J M. Destructive Leadership a Theoretical Review, Integration, and Future Research Agenda [J]. Journal of Management, 2013, 39 (5): 1308 – 1338.

[244] Kray L J, Allan Lind E. The Injustices of Others: Social Reports and the Integration of Others' Experiences in Organizational Justice Judgments [J]. Organizational Behavior and Human Decision Processes, 2002, 89 (1): 906 – 924.

[245] Lange D, Washburn N T. Understanding Attributions of Corporate Social Irresponsibility. [J]. Academy of Management Review, 2012, 37 (2): 300 - 326.

[246] Lau V C, Au W T, Ho J M. A Qualitative and Quantitative Review of Antecedents of Counterproductive Behavior in Organizations [J]. Journal of Business and Psychology, 2003, 18 (1): 73 - 99.

[247] Lawrence E J, Shaw P, Baker D, et al. Measuring Empathy: Reliability and Validity of the Empathy Quotient [J]. Psychological Medicine, 2004, 34 (5): 911 - 920.

[248] Lawshe C H. A Quantitative Approach to Content Validity1 [J]. Personnel Psychology, 1975, 28 (4): 563 - 575.

[249] Lazarus R S. Emotion and Adaptation. [M]. Oxford University Press, 1991.

[250] Lee K, Allen N J. Organizational Citizenship Behavior and Workplace Deviance: The Role of Affect and Cognitions. [J]. Journal of Applied Psychology, 2002, 87 (1): 131.

[251] Lehman W E, Simpson D D. Employee Substance Use and On-The-Job Behaviors [J]. Journal of Applied Psychology, 1992, 77 (3): 309.

[252] Leliveld M C, Dijk E, Beest I. Punishing and Compensating Others at Your Own Expense: The Role of Empathic Concern On Reactions to Distributive Injustice [J]. European Journal of Social Psychology, 2012, 42 (2): 135 - 140.

[253] Leonidou L, Kvasova O, Leonidou C, et al. Business Unethicality as an Impediment to Consumer Trust: The Moderating Role of Demographic and Cultural Characteristics [J]. Journal of Business Ethics, 2013, 112 (3): 397 - 415.

[254] Leung K, Tong K, Ho S S. Effects of Interactional Justice

On Egocentric Bias in Resource Allocation Decisions [J]. Journal of Applied Psychology, 2004, 89 (3): 405.

[255] Leventhal G S. The Distribution of Rewards and Resources in Groups and Organizations [J]. Advances in Experimental Social Psychology, 1976, 9 (2): 91 – 131.

[256] Lian H, Ferris D L, Brown D J. Does Power Distance Exacerbate Or Mitigate the Effects of Abusive Supervision? It Depends On the Outcome [J]. Journal of Applied Psychology, 2012, 97 (1): 107.

[257] Lind E A. Fairness Heuristic Theory: Justice Judgments as Pivotal Cognitions in Organizational Relations [J]. Advances in Organizational Justice, 2001a (56) 88.

[258] Lind E A. Thinking Critically About Justice Judgments [J]. Journal of Vocational Behavior, 2001b, 58 (2): 220 – 226.

[259] Lind E A. Justice and Authority Relations in Organizations [M]. *Organizational Politics, Justice, and Support: Managing the Social Climate of the Workplace*, Cropanzano R, Kacmar K M (Eds), Santa Barbara: Greenwood Publishing Group, 1995: 83 – 96.

[260] Lind E A, Kray L, Thompson L. The Social Construction of Injustice: Fairness Judgments in Response to Own and Others' Unfair Treatment by Authorities [J]. Organizational Behavior and Human Decision Processes, 1998, 75 (1): 1 – 22.

[261] Lind E A, Kray L, Thompson L. Primacy Effects in Justice Judgments: Testing Predictions from Fairness Heuristic Theory [J]. Organizational Behavior and Human Decision Processes, 2001, 85 (2): 189 – 210.

[262] Lind E A, Kulik C T, Ambrose M, et al. Individual and Corporate Dispute Resolution: Using Procedural Fairness as a Decision Heuristic [J]. Administrative Science Quarterly, 1993, 38 (2):

224 - 251.

[263] Lind E A, Tyler T R. The Social Psychology of Procedural Justice [M]. Springer Science & Business Media, 1988.

[264] Lind E A, Tyler T R. A Relational Model of Authority in Groups [M]. *Advances in Experimental Social Psychology*, Zanna M P (Eds), Atlanta: Elsevier, 1992: 115 - 192.

[265] Lind E A, Van Den Bos K. When Fairness Works: Toward a General Theory of Uncertainty Management [J]. Research in Organizational Behavior, 2002, 24 (1): 181 - 223.

[266] Lin-Hi N, Müller K. The CSR Bottom Line: Preventing Corporate Social Irresponsibility [J]. Journal of Business Research, 2013, 66 (10): 1928 - 1936.

[267] Lord C G, Paulson R M, Sia T L, et al. Houses Built On Sand: Effects of Exemplar Stability On Susceptibility to Attitude Change. [J]. Journal of Personality and Social Psychology, 2004, 87 (6): 733.

[268] Lotz S, Baumert A, Schlösser T, et al. Individual Differences in Third-Party Interventions: How Justice Sensitivity Shapes Altruistic Punishment [J]. Negotiation and Conflict Management Research, 2011, 4 (4): 297 - 313.

[269] Luo Y. An Organizational Perspective of Corruption [J]. Management and Organization Review, 2005, 1 (1): 119 - 154.

[270] Lutgen-Sandvik P. Water Smoothing Stones: Subordinate Resistance to Workplace Bullying [D]. Arizona State University, 2005.

[271] Luthans F. The Need for and Meaning of Positive Organizational Behavior [J]. Journal of Organizational Behavior, 2002, 23 (6): 695 - 706.

[272] Martinko M J, Gundlach M J, Douglas S C. Toward an Inte-

grative Theory of Counterproductive Workplace Behavior: A Causal Reasoning Perspective [J]. International Journal of Selection and Assessment, 2002, 10 (2): 36 - 50.

[273] Marzucco L, Marique G, Stinglhamber F, et al. Justice and Employee Attitudes During Organizational Change: The Mediating Role of Overall Justice [J]. Revue Européenne de Psychologie Appliquée/European Review of Applied Psychology, 2014, 64 (6): 289 - 298.

[274] Mayer D M, Kuenzi M, Greenbaum R, et al. How Low Does Ethical Leadership Flow? Test of a Trickle-Down Model [J]. Organizational Behavior and Human Decision Processes, 2009, 108 (1): 1 - 13.

[275] Mayer R C, Davis J H, Schoorman F D. An Integrative Model of Organizational Trust [J]. Academy of Management Review, 1995, 20 (3): 709 - 734.

[276] Mcfarlin D B, Sweeney P D. Research Notes. Distributive and Procedural Justice as Predictors of Satisfaction with Personal and Organizational Outcomes [J]. Academy of Management Journal, 1992, 35 (3): 626 - 637.

[277] Mcguire J B, Sundgren A, Schneeweis T. Corporate Social Responsibility and Firm Financial Performance [J]. Academy of Management Journal, 1988, 31 (4): 854 - 872.

[278] Mehrabian A, Epstein N. A Measure of Emotional Empathy1 [J]. Journal of Personality, 1972, 40 (4): 525 - 543.

[279] Meijer M, Schuyt T. Corporate Social Performance as a Bottom Line for Consumers [J]. Business & Society, 2005, 44 (4): 442 - 461.

[280] Menon S. Employee Empowerment: An Integrative Psychological Approach [J]. Applied Psychology, 2001, 50 (1): 153 - 180.

[281] Miao R. Perceived Organizational Support, Job Satisfaction, Task Performance and Organizational Citizenship Behavior in China [J]. Journal of Behavioral and Applied Management, 2011, 12 (2): 105 - 127.

[282] Mikula G. The Experience of Injustice [M]. *Justice in social relations*, Springer, 1986: 103 - 123.

[283] Mikula G, Scherer K R, Athenstaedt U. The Role of Injustice in the Elicitation of Differential Emotional Reactions [J]. Personality and Social Psychology Bulletin, 1998, 24 (7): 769 - 783.

[284] Miller P A, Eisenberg N. The Relation of Empathy to Aggressive and Externalizing/antisocial Behavior [J]. Psychological Bulletin, 1988, 103 (3): 324.

[285] Mitchell M S, Ambrose M L. Abusive Supervision and Workplace Deviance and the Moderating Effects of Negative Reciprocity Beliefs [J]. Journal of Applied Psychology, 2007, 92 (4): 1159.

[286] Montada L. Justice: Just a Rational Choice? [J]. Social Justice Research, 1998, 11 (2): 81 - 101.

[287] Moorman R H. Relationship Between Organizational Justice and Organizational Citizenship Behaviors-Do Fairness Perceptions Influence Employee Citizenship [J]. Journal of Applied Psychology, 1991, 76 (6): 845 - 855.

[288] Murray K B, Vogel C M. Using a Hierarchy-Of-Effects Approach to Gauge the Effectiveness of Corporate Social Responsibility to Generate Goodwill Toward the Firm: Financial Versus Nonfinancial Impacts [J]. Journal of Business Research, 1997, 38 (2): 141 - 159.

[289] Nadisic T. The Fair Hand of Managers: Managers' Visible and Invisible Corrective Justice Strategies and their Antecedents [D]. Jouy-en-Josas, HEC, 2008.

[290] Neill J, Scott Stovall O, Jinkerson D. A Critical Analysis of the Accounting Industry's Voluntary Code of Conduct [J]. Journal of Business Ethics, 2005, 59 (1): 101 – 108.

[291] Netemeyer R G, Johnston M W, Burton S. Analysis of Role Conflict and Role Ambiguity in a Structural Equations Framework. [J]. Journal of Applied Psychology, 1990, 75 (2): 148.

[292] Newman A, Thanacoody R, Hui W. The Effects of Perceived Organizational Support, Perceived Supervisor Support and Intra-Organizational Network Resources On Turnover Intentions: A Study of Chinese Employees in Multinational Enterprises [J]. Personnel Review, 2011, 41 (1): 56 – 72.

[293] Newstrom J W, Ruch W A. Ethics of Management and Management of Ethics [J]. MSU Business Topics, 1975, 23 (1): 29 – 37.

[294] Nicklin J M, Greenbaum R, Mcnall L A, et al. The Importance of Contextual Variables When Judging Fairness: An Examination of Counterfactual Thoughts and Fairness Theory [J]. Organizational Behavior and Human Decision Processes, 2011, 114 (2): 127 – 141.

[295] Nicklin J M, Mcnall L A, Cerasoli C P, et al. The Role of Overall Organizational Justice Perceptions Within the Four-Dimensional Framework [J]. Social Justice Research, 2014, 27 (2): 243 – 270.

[296] O'Boyle E H, Forsyth D R, O'Boyle A S. Bad Apples Or Bad Barrels: An Examination of Group and Organizational Level Effects in the Study of Counterproductive Work Behavior [J]. Group & Organization Management, 2011, 36 (1): 39 – 69.

[297] Olkkonen M, Lipponen J. Relationships Between Organizational Justice, Identification with Organization and Work Unit, and Group-Related Outcomes [J]. Organizational Behavior and Human De-

cision Processes, 2006, 100 (2): 202 - 215.

[298] O'Reilly D J. Third Parties' Morally-Motivated Responses to Mistreatment in Organizations [D]. Vancouver: University of British Columbia, 2013.

[299] O'Reilly J, Aquino K. A Model of Third Parties' Morally Motivated Responses to Mistreatment in Organizations [J]. Academy of Management Review, 2011, 36 (3): 526 - 543.

[300] Organ D W, Konovsky M. Cognitive Versus Affective Determinants of Organizational Citizenship Behavior. [J]. Journal of Applied Psychology, 1989, 74 (1): 157.

[301] Palmer D. Normal Organizational Wrongdoing: A Critical Analysis of Theories of Misconduct in and by Organizations [M]. New York: Oxford University Press, 2012.

[302] Parker S K, Collins C G. Taking Stock: Integrating and Differentiating Multiple Proactive Behaviors [J]. Journal of Management, 2010, 36 (3): 633 - 662.

[303] Parker S K, Williams H M, Turner N. Modeling the Antecedents of Proactive Behavior at Work. [J]. Journal of Applied Psychology, 2006, 91 (3): 636.

[304] Patel, Budhwar C, Varma P. Overall Justice, Work Group Identification and Work Outcomes: Test of Moderated Mediation Process [J]. Journal of World Business, 2012, 47 (2): 213 - 222.

[305] Pfarrer M D, Pollock T G, Rindova V P. A Tale of Two Assets: The Effects of firm reputation and Celebrity on Earnings Surprises and Investors' Reactions [J]. Academy of Management Journal, 2010, 53 (5): 1131 - 1152.

[306] Pierce J L, Gardner D G. Self-Esteem within the Work and Organizational Context: A Review of the Organization-Based Self-Esteem

Literature [J]. Journal of Management, 2004, 30 (5): 591-622.

[307] Pierce J L, Gardner D G, Cummings L L, et al. Organization-Based Self-Esteem: Construct Definition, Measurement, and Validation [J]. Academy of Management Journal, 1989, 32 (3): 622-648.

[308] Pierce J L, Gardner D G, Dunham R B, et al. Moderation by Organization-Based Self-Esteem of Role Condition-Employee Response Relationships [J]. Academy of Management Journal, 1993, 36 (2): 271-288.

[309] Pierce J L, Jussila I. Collective Psychological Ownership within the Work and Organizational Context: Construct Introduction and Elaboration [J]. Journal of Organizational Behavior, 2010, 31 (6): 810-834.

[310] Pierce J L, Kostova T, Dirks K T. Toward a Theory of Psychological Ownership in Organizations [J]. Academy of Management Review, 2001, 26 (2): 298-310.

[311] Pierce J L, Rubenfeld S A, Morgan S. Employee Ownership: A Conceptual Model of Process and Effects [J]. Academy of Management Review, 1991, 16 (1): 121-144.

[312] Preacher K J, Zyphur M J, Zhang Z. A General Multilevel SEM Framework for Assessing Multilevel Mediation [J]. Psychological Methods, 2010, 15 (3): 209-233.

[313] Priesemuth M. Stand Up and Speak Up: Employees' Prosocial Reactions to Observed Abusive Supervision [J]. Business & society, 2013, 52 (4): 649-665.

[314] Priesemuth M, Arnaud A, Schminke M. Bad Behavior in Groups: The Impact of Overall Justice Climate and Functional Dependence on Counterproductive Work Behavior in Work Units [J]. Group &

Organization Management, 2013, 38 (2): 230 - 257.

[315] Qi Y, Ming - Xia L. Ethical leadership, Organizational Identification and Employee Voice: Examining Moderated Mediation Process in the Chinese Insurance Industry [J]. Asia Pacific Business Review, 2014, 20 (2): 231 - 248.

[316] Qin X, Ren R, Zhang Z, et al. Fairness Heuristics and Substitutability Effects: Inferring the Fairness of Outcomes, Procedures, and Interpersonal Treatment When Employees Lack Clear Information. [J]. Journal of Applied Psychology, 2014.

[317] Robinson S L, Bennett R J. A Typology of Deviant Workplace Behaviors-a Multidimensional-Scaling Study [J]. Academy of Management Journal, 1995, 38 (2): 555 - 572.

[318] Robinson S L, Greenberg J. Employees Behaving Badly: Dimensions, Determinants and Dilemmas in the Study of Workplace Deviance [M]. *Trends in Organizational Behavior*, Cooper C L, Rousseau D M (Eds), New York: John Wiley & Sons Ltd, 1998.

[319] Rodell J B, Judge T A. Can "Good" Stressors Spark "Bad" Behaviors? The Mediating Role of Emotions in Links of Challenge and Hindrance Stressors with Citizenship and Counterproductive Behaviors. [J]. Journal of Applied Psychology, 2009, 94 (6): 1438 - 1459.

[320] Rotundo M, Xie J L. Understanding the Domain of Counterproductive Work Behaviour in China [J]. The International Journal of Human Resource Management, 2008, 19 (5): 856 - 877.

[321] Rowley J. Online Branding: The Case of McDonald's [J]. British Food Journal, 2004, 106 (3): 228 - 237.

[322] Rupp D E. Testing the Moral Violations Component of Fairness Theory: The Moderating Role of Value Preferences: 18th Annual Conference of the Society for Industrial and Organizational Psychology,

Orlando, Florida [Z]. 2003.

[323] Rupp D E, Bell C M. Extending the Deontic Model of Justice: Moral Self-Regulation in Third-Party Responses to Injustice [J]. Business Ethics Quarterly, 2010, 20 (1): 89 - 106.

[324] Rupp D E, Ganapathi J, Aguilera R V, et al. Employee Reactions to Corporate Social Responsibility: An Organizational Justice Framework [J]. Journal of Organizational Behavior, 2006, 27 (4): 537 - 543.

[325] Scherer K R, Schorr A E, Johnstone T E. Appraisal Processes in Emotion: Theory, Methods, Research. [M]. Oxford University Press, 2001.

[326] Schilling G E J, Schyns B. Destructive Leadership-Antecedents and Consequences [J]. Zeitschrift Für Psychologie, 2013, 221 (3): 201.

[327] Schyns B, Schilling J. How Bad Are the Effects of Bad Leaders? A Meta-Analysis of Destructive Leadership and its Outcomes [J]. The Leadership Quarterly, 2013, 24 (1): 138 - 158.

[328] Shadnam M, Lawrence T B. Understanding widespread misconduct in organizations [J]. Business Ethics Quarterly, 2011, 21 (3): 379 - 407.

[329] Sheppard B H, Lewicki R J, Minton J W. Organizational Justice: The Search for Fairness in the Workplace. [M]. New York: Lexington Books, 1992.

[330] Shore L M, Tetrick L E. A Construct Validity Study of the Survey of Perceived Organizational Support [J]. Journal of Applied Psychology, 1991, 76 (5): 637.

[331] Skarlicki D P, Folger R. Retaliation in the Workplace: The Roles of Distributive, Procedural, and Interactional Justice [J]. Journal

of Applied Psychology, 1997, 82 (3): 434.

[332] Skarlicki D P, Folger R, Tesluk P. Personality as a Moderator in the Relationship Between Fairness and Retaliation [J]. Academy of Management Journal, 1999, 42 (1): 100 - 108.

[333] Skarlicki D P, Kulik C T. Third-Party Reactions to Employee (Mis) treatment: A Justice Perspective [M]. *Research in Organizational Behavior*, Staw B M, Kramer R M (Eds), 2005 (26): 183 - 229.

[334] Skarlicki D P, Rupp D E. Dual Processing and Organizational Justice: The Role of Rational Versus Experiential Processing in Third-Party Reactions to Workplace Mistreatment [J]. Journal of Applied Psychology, 2010, 95 (5): 944 - 952.

[335] Skarmeas D, Leonidou C N. When Consumers Doubt, Watch Out! The Role of CSR Skepticism [J]. Journal of Business Research, 2013, 66 (10): 1831 - 1838.

[336] Spector P E, Fox S. An Emotion-Centered Model of Voluntary Work Behavior: Some Parallels Between Counterproductive Work Behavior and Organizational Citizenship Behavior [J]. Human Resource Management Review, 2002, 12 (2): 269 - 292.

[337] Spector P E, Fox S, Penney L M, et al. The Dimensionality of Counterproductivity: Are All Counterproductive Behaviors Created Equal? [J]. Journal of Vocational Behavior, 2006, 68 (3): 446 - 460.

[338] Spencer S, Rupp D E. Angry, Guilty, and Conflicted: Injustice Toward Coworkers Heightens Emotional Labor through Cognitive and Emotional Mechanisms [J]. Journal of Applied Psychology, 2009, 94 (2): 429 - 451.

[339] Stewart S M, Bing M N, Davison H K, et al. In the Eyes of the Beholder: A Non-Self-Report Measure of Workplace Deviance [J].

Journal of Applied Psychology, 2009, 94 (1): 207 - 223.

[340] Stotland E. Exploratory Investigations of Empathy [J]. Advances in Experimental Social Psychology, 1969 (4): 271 - 314.

[341] Stouffer S A, Suchman E A, Devinney L C, et al. The American Soldier: Adjustment During Army Life. (Studies in Social Psychology in World War II, Vol. 1.) [J]. 1949.

[342] Tenbrunsel A E, Smith Crowe K. 13 Ethical Decision Making: Where We've Been and Where We're Going [J]. The Academy of Management Annals, 2008, 2 (1): 545 - 607.

[343] Tepper B J. Consequences of Abusive Supervision [J]. Academy of Management Journal, 2000, 43 (2): 178 - 190.

[344] Tepper B J, Abusive Supervision in Work Organizations: Review, Synthesis, and Research Agenda [J/OL]. 2007,

[345] Tepper B J, Carr J C, Breaux D M, et al. Abusive Supervision, Intentions to Quit, and Employees' Workplace Deviance: A Power/Dependence Analysis [J]. Organizational Behavior and Human Decision Processes, 2009, 109 (2): 156 - 167.

[346] Tepper B J, Duffy M K, Shaw J D. Personality Moderators of the Relationship Between Abusive Supervision and Subordinates' Resistance [J]. Journal of Applied Psychology, 2001, 86 (5): 974 - 983.

[347] Tepper B J, Moss S E, Duffy M K. Predictors of Abusive Supervision: Supervisor Perceptions of Deep-Level Dissimilarity, Relationship Conflict, and Subordinate Performance [J]. Academy of Management Journal, 2011, 54 (2): 279 - 294.

[348] Thau S, Tröster C, Aquino K, et al. Satisfying Individual Desires or Moral Standards? Preferential Treatment and Group Members' Self-Worth, Affect, and Behavior [J]. Journal of Business Ethics, 2013, 113 (1): 133 - 145.

[349] Thibaut J W, Walker L. Procedural Justice: A Psychological Analysis [M]. L. Erlbaum Associates, 1975.

[350] Thompson L, Kray L J, Lind E A. Cohesion and Respect: An Examination of Group Decision Making in Social and Escalation Dilemmas [J]. Journal of Experimental Social Psychology, 1998, 34 (3): 289-311.

[351] Titchener E B. Lectures On the Experimental Psychology of the Thought-Processes [M]. London: Macmillan, 1909.

[352] Tsai M C. An Empirical Study of the Conceptualization of Overall Organizational Justice and its Relationship with Psychological Empowerment, Organizational Commitment and Turnover Intention in Higher Education [D]. Washington: University of Washington, 2012.

[353] Turillo C J, Folger R, Lavelle J J, et al. Is Virtue its Own Reward? Self-Sacrificial Decisions for the Sake of Fairness [J]. Organizational Behavior and Human Decision Processes, 2002, 89 (1): 839-865.

[354] Umphress E E, Simmons A L, Folger R, et al. Observer Reactions to Interpersonal Injustice: The Roles of Perpetrator Intent and Victim Perception [J]. Journal of Organizational Behavior, 2013, 34 (3): 327-349.

[355] Van Den Bos K, Lind E A. Uncertainty Management by Means of Fairness Judgments [M]. *Advances in Experimental Social Psychology*, Mark P Z (Eds), New York: Academic Press, 2002, 1-60.

[356] Van den Bos K, Lind E A, Vermunt R, et al. How Do I Judge My Outcome When I Do Not Know the Outcome of Others? The Psychology of the Fair Process Effect [J]. Journal of Personality and Social Psychology, 1997, 72 (5): 1034.

［357］Van den Bos K, Wilke H A, Lind E A. When Do we Need Procedural Fairness? The Role of Trust in Authority ［J］. Journal of Personality and Social Psychology, 1998, 75（6）: 1449.

［358］Van Dick R, Grojean M W, Christ O, et al. Identity and the Extra Mile: Relationships Between Organizational Identification and Organizational Citizenship Behaviour ［J］. British Journal of Management, 2006, 17（4）: 283 - 301.

［359］Van Dyne L, Pierce J L. Psychological Ownership and Feelings of Possession: Three Field Studies Predicting Employee Attitudes and Organizational Citizenship Behavior ［J］. Journal of Organizational Behavior, 2004, 25（4）: 439 - 459.

［360］Van Prooijen J. Procedural Justice as Autonomy Regulation ［J］. Journal of Personality and Social Psychology, 2009, 96（6）: 1166.

［361］Verschoor C C. Consumers Consider the Importance of Corporate Social Responsibility ［J］. Strategic Finance, 2006, 88（2）: 20 - 22.

［362］Wagner T, Lutz R J, Weitz B A. Corporate Hypocrisy: Overcoming the Threat of Inconsistent Corporate Social Responsibility Perceptions ［J］. Journal of Marketing, 2009, 73（6）: 77 - 91.

［363］Walster E, Berscheid E, Walster G W. New Directions in Equity Research ［J］. Journal of Personality and Social Psychology, 1973, 25（2）: 151.

［364］Watson D, Clark L A, Harkness A R. Structures of Personality and their Relevance to Psychopathology ［J］. Journal of Abnormal Psychology, 1994, 103（1）: 18 - 35.

［365］Webb D J, Mohr L A. A Typology of Consumer Responses to Cause - Related Marketing: From Skeptics to Socially Concerned ［J］.

Journal of Public Policy & Marketing, 1998, 17 (2): 226-238.

[366] Wei F, Si S. Tit for Tat? Abusive Supervision and Counterproductive Work Behaviors: The Moderating Effects of Locus of Control and Perceived Mobility [J]. Asia Pacific Journal of Management, 2013, 30 (1): 281-296.

[367] Whiteside D, Barclay L. Echoes of Silence: Employee Silence as a Mediator Between Overall Justice and Employee Outcomes [J]. Journal of Business Ethics, 2013, 116 (2): 251-266.

[368] Wong Y, Ngo H, Wong C. Affective Organizational Commitment of Workers in Chinese Joint Ventures [J]. Journal of Managerial Psychology, 2002, 17 (7): 580-598.

[369] Xu S, Wang Q, Liu C, et al. Content and Construct of Counterproductive Work Behavior in a Chinese Context [J]. Social Behavior and Personality: An International Journal, 2013, 41 (6): 921-932.

[370] Yang J, Diefendorff J M. The Relations of Daily Counterproductive Workplace Behavior with Emotions, Situational Antecedents, and Personality Moderators: A Diary Study in Hong Kong [J]. Personnel Psychology, 2009, 62 (2): 259-295.

[371] Zellars K L, Tepper B J, Duffy M K. Abusive Supervision and Subordinates' Organizational Citizenship Behavior [J]. Journal of Applied Psychology, 2002, 87 (6): 1068.

[372] Zhang X M, Bartol K M. Linking Empowering Leadership and Employee Creativity: The Influence of Psychological Empowerment, Intrinsic Motivation, and Creative Process Engagement [J]. Academy of Management Journal, 2010, 53 (1): 107-128.

[373] Zhang X, Bartol K M. The Influence of Creative Process Engagement On Employee Creative Performance and Overall Job Perform-

ance: A Curvilinear Assessment. [J]. Journal of Applied Psychology, 2010, 95 (5): 862.

[374] Zhang Y, Lepine J, Buckman B, et al. It's Not Fair... Or is It? The Role of Justice and Leadership in Explaining Work Stressor – Job Performance Relationships [J]. Academy of Management Journal, 2013, 57 (3): 1110 – 2011.

[375] Zhang Z, Zyphur M J, Preacher K J. Testing Multilevel Mediation Using Hierarchical Linear Models Problems and Solutions [J]. Organizational Research Methods, 2009, 12 (4): 695 – 719.

致　　谢

本书是在我博士学位论文基础上修改出版的。

光阴似箭，时光匆匆而过，犹如白驹过隙。回首三年的写作时光，一切历历在目，感慨万千。在书稿完成之际，想起了给予我耐心指导的师长、默默支持的家人、无私帮助的好友、同学等太多需要感谢和终生难忘的人！

首先，我要特别感谢我的博士导师——刘明霞教授。刘老师治学严谨、学识渊博、品性率直、求真务实，是我一辈子学习的典范。刘老师不仅教会了我如何做研究的方法，更教会了我如何做一个追求真理的学者，而且一直支持我做自己感兴趣的研究，展现了学者包容和宽大的精神。在这三年的研究中，刘老师给予我无私的指导，给予了我学术研究的自由，让我能够按照自己的研究兴趣开展研究。在此，向刘老师致以崇高的敬意和谢意！

其次，我要感谢武汉大学经济与管理学院的谭力文、刘林青两位教授。在他们的指导下，不仅我的学术视野得以提高，更是培养了我细致、严谨的治学态度，为本书的完成和今后学术生涯的发展提供了宝贵的帮助。

再次，我要感谢在我读博期间给予我无私帮助的同学和朋友。感谢于飞、胡兵、贾兴洪、刘锦等同学的帮助。你们的学术探讨，为本书的完成提供了有益的参考。同时感谢，在我实地调研中给予帮助的朋友和我的研究助理，你们的帮助和支持为我论文的顺利完成提供了坚实的保障。

　　最后，我要衷心的感谢我的家人，感谢我的母亲、感谢我的妻子以及我的岳母。他们在我读博期间给予了我大量的支持。特别是我的妻子和岳母，付出了大量的精力照顾我的家庭和孩子，使我能够安心读书，顺利开展研究工作并完成书稿。

　　当本书得以终稿，眺望城市繁华夜景不禁思绪万千。本书的写作对我而言具有重要意义，是我人生中重要的经历。在写作过程中，我有幸结识诸多名师、学者，他们是我人生中一笔宝贵的财富。在我今后的学术生涯中，我将时刻铭记各位师长、家人、同学、朋友的帮助并勇敢前行，开创学术未来。

笔者

2017 年 11 月